4
16 ゆうや
21 まりな
4 りゅうと
16 みく
6
7 しずく
21 ゆめ
おたんじょうび
おめでとう
HAPPY
BIRTHDAY
3
16 えま
29 ゆうり
2
10 ゆりあ
16 こうき
1
3 ゆい
16 ひろき
12
10 ひかり
15 まさと

みんなうれしそう！

フルーツと動物のお誕生表

大きな果物に動物たちが寄り添っているお誕生表です。
おいしそうな果物と一緒で動物たちもうれしそう！

個性豊かなお誕生表に！

鍵盤の上でダンス♪

音符とねこのお誕生表

大きな音符がポップなお誕生表。鍵盤の上でねこたちがお祝いしています。楽しいメロディーが聞こえてきそう！

夢を抱いて大空へ！

気球のお誕生表

気球の周りにフラワーペーパーで作った花を飾るだけで、手軽に華やかさアップ。誕生月にはリボンをあしらいます。

花いっぱい！

フラワーガーデンのお誕生表

花をシンプルな形にすると、作りやすさとまとまり感がアップ！　白い画用紙を重ねて名前を書くことで、一人ひとりが目立ちます。

元気いっぱいの絵柄で

ゴンドラに乗ってGO!

カラフル風船のお誕生表

ビタミンカラーの風船で元気になるお誕生表。ゴンドラに結んだ風船は、左右バランスよく配置します。

大きな虹で元気いっぱい！

虹とフラッグのお誕生表

空に大きく架かった虹を、動物たちが元気に行進！
フラッグにはマスキングテープとリボンを飾って、
手軽に華やかさを加えます。

ひとりにひとつずつ

フォトガーランドのお誕生飾り

包装紙とレースペーパーを貼った画用紙に、写真を飾ったガーランドタイプのお誕生表です。

華やかに演出して

HAPPY BIRTHDAY

さわやか色の

花束のお誕生表

折り紙や包装紙で作った花束がお誕生日にピッタリ！　花は包装紙などを短冊に切って輪にして作ります。

動物の名前
4月　バク
5月　キウイ
6月　アルマジロ
7月　ゴリラ
8月　ナマケモノ
9月　カモノハシ
10月　カピバラ
11月　ハリネズミ
12月　サイ
1月　アルパカ
2月　ウォンバット
3月　モモンガ

話題のいきもので
おもしろアニマルのお誕生表

ちょっとめずらしい動物をお誕生表にしました。「どんな動物なのかな？」と、子どもたちも興味が湧きますね。

包装紙の柄を生かして

イースターエッグのお誕生表

包装紙を使ったたまごが、ポップでにぎやかなお誕生表。
動物たちを囲むように、たまごを円状に飾るとまとまります。
お誕生月には王冠をつけて特別感を。

名作のお話を飾る

オオカミなんてこわくない!

七ひきのこやぎのお誕生表

どこに隠れたのかな？　インテリアに隠れて、そ~っと顔を出しているこやぎたちが愛らしいお誕生表です。

どろぼうもびっくり！

ブレーメンの音楽隊のお誕生表

家のシルエットとたくさんの星で夜を表現します。ひとりにひとつの星にすると、満天の星空になって素敵ですね！

季節を楽しむお誕生表

年中行事や季節ならではのモチーフを飾って、四季を感じながら楽しむ誕生表です。

年中行事が
ひと目でわかる！

11
4 かい
19 ゆう
20 れみ

ワクワクする行事がいっぱい！

四季のお誕生表

それぞれの月のお楽しみを詰めこみました。季節をたっぷり感じられて、一年間ずっと楽しめるお誕生表です。

おたんじょうび おめ

4

9 あおい
12 とむ

5

7 けんと
10 りんご

6

4 ともき
16 まりも

8

6 はるか
17 なつみ

9

3
ともゆき

16
ゆう

10

4 はる

21 そうし

12

5
ひなた

14
あさと

1

7
さり

10
だいち

2

14
みのり

21
はるき

季節感たっぷりの

4シーズンの バースデーリース

四季のモチーフで飾った季節感のあるリースです。同系色のリボンや、すずらんテープを厚紙のリースに巻いて立体的に。

季節ならではの モチーフ使いで

気球に乗っておめでとう！

四季のバルーンのお誕生表

季節の絵柄をバルーンにあしらった４つの気球。
赤いリボンのメッセージで華やかに演出します。

いろいろな果物、わかるかな？

フレッシュフルーツのお誕生表

ジューシーな果物のお誕生表。「どんなフルーツパフェを作ってもらいたい？」と、子どもたちとの会話も弾みそう♪

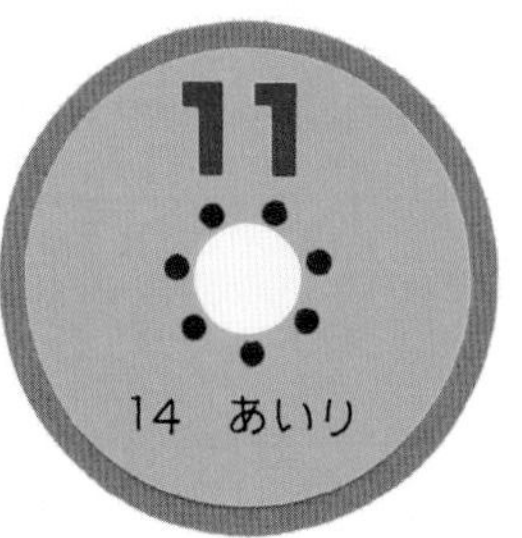

ワザありな飾り方！

季節を運ぶよ♪ 列車のお誕生表

動物たちが季節のモチーフをのせて出発進行！　リボンの位置をまず決めて台車を配置すると、バランスがとりやすくなります。

季節感
たっぷりに

10
2 ひぐち りんか
9 ほしの よう
16 かんの ゆうか

動物たちがお祝い

フルーツいっぱい♪ お誕生表

果物と動物たちの組み合わせがキュート♥　フレッシュな果物で、お部屋を明るく飾りましょう。

ひと月ごとのこだわりモチーフ

かわいいお花がポイント！

四季のフラワーお誕生表

それぞれの花などに包装紙やレースリボン、ボタンなどをあしらって、印象的なお誕生表にします。

お花の名前
4月　チューリップ
5月　すずらん
6月　あじさい
7月　あさがお
8月　ひまわり
9月　コスモス
10月　もみじ
11月　どんぐり
12月　ポインセチア
1月　すいせん
2月　うめ
3月　たんぽぽ

花の名前を覚えるきっかけに

四季のお花のお誕生表

季節をイメージした草花をモチーフにしました。おめでとうの文字は白い花の上に貼り、統一感をもたせて。

楽しみがいっぱい！

行事のお誕生表

誕生月と日にちを書く部分は、それぞれ同じ型紙の重ね切りでOK。季節のモチーフにはすべて顔を入れて、親しみやすくします。

重ね切りテク

1

画用紙１枚にガイドラインを書き、２～３枚重ねてホチキスでとめる

2

ガイドラインに沿って切る

カラフルな色使いがアクセント

おたんじょうび　おめでとう!!

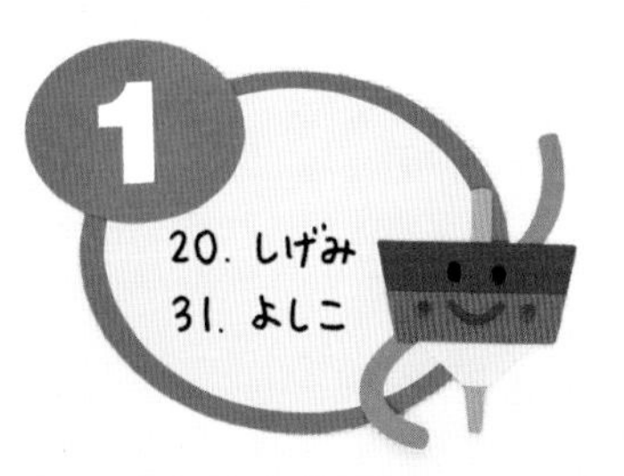

カワイイ&おしゃれお誕生表

1年間保育室に飾るものだからこそ、かわいくておしゃれなお誕生表にしたいですね。壁面だけでなく、いろいろな場所に飾れるアイデアをご紹介します！

数字の模様がアクセント！

フラワーガーランドのお誕生表

ゆらゆら揺れるガーランドタイプのお誕生表です。
月の数字は、包装紙やレースリボンで華やかに！

HAPPY BIRTHD
5 みなみ
16 つばさ
13 りく
22 もえ
8 そら
12 まなみ
19 しゅん
3 みずき
15 ともや
8 あおい
19 しほ
27 としや
4 なおと
28 こうへい

数字の模様がアクセント！

ことりのお誕生ガーランド

丸い画用紙を半分に折ってレースペーパーの羽根をつけたことりのガーランドです。空間を効果的に使って、ことりが飛んでいるように。

パステルカラーがキュート

のっぽなお城のお誕生表

縦長のスペースにぴったりな、お城のお誕生表です。お誕生月には帽子にリボンを飾ります。

楽しい雰囲気に包まれる

カラフル風船のお誕生表

包装紙と画用紙を組み合わせてカラフル＆ポップに仕上げます。年度末には子どもたちにプレゼント！

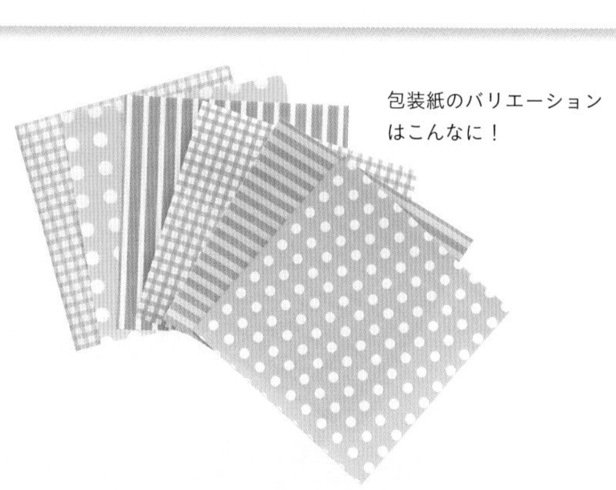

包装紙のバリエーションはこんなに！

パステルカラーがキュート

えんバスのクルクルお誕生表

バスの後ろにボードをまとめた、クルクルめくるのが楽しみなお誕生表です。

お部屋のアクセントにもなる

マトリョーシカのお知らせボード

壁面のお誕生表とは別に飾るお知らせボード。保育者や保護者の目にとまるスペースに飾って、みんなでお祝いしましょう。

季節の様子がよくわかる

街並みのお誕生表

マスキングテープの道を、家や木などで飾ったお誕生表です。季節が移り変わる様子が楽しい♪

やさしい印象の

海のいきもの大集合！お誕生表

海のなかにいる、かわいいいきものがお誕生日をお祝い！　落ち着いた色使いで、どんな部屋にもマッチするお誕生表です。

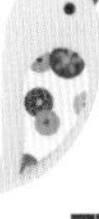

羽の模様がおしゃれ！

カラフルことりのお誕生表

カラフルなハギレが、印象的なことりの羽に！　綿ロープは、水で濡らしてアイロンなどで平らにしておくと、貼りやすくなります。

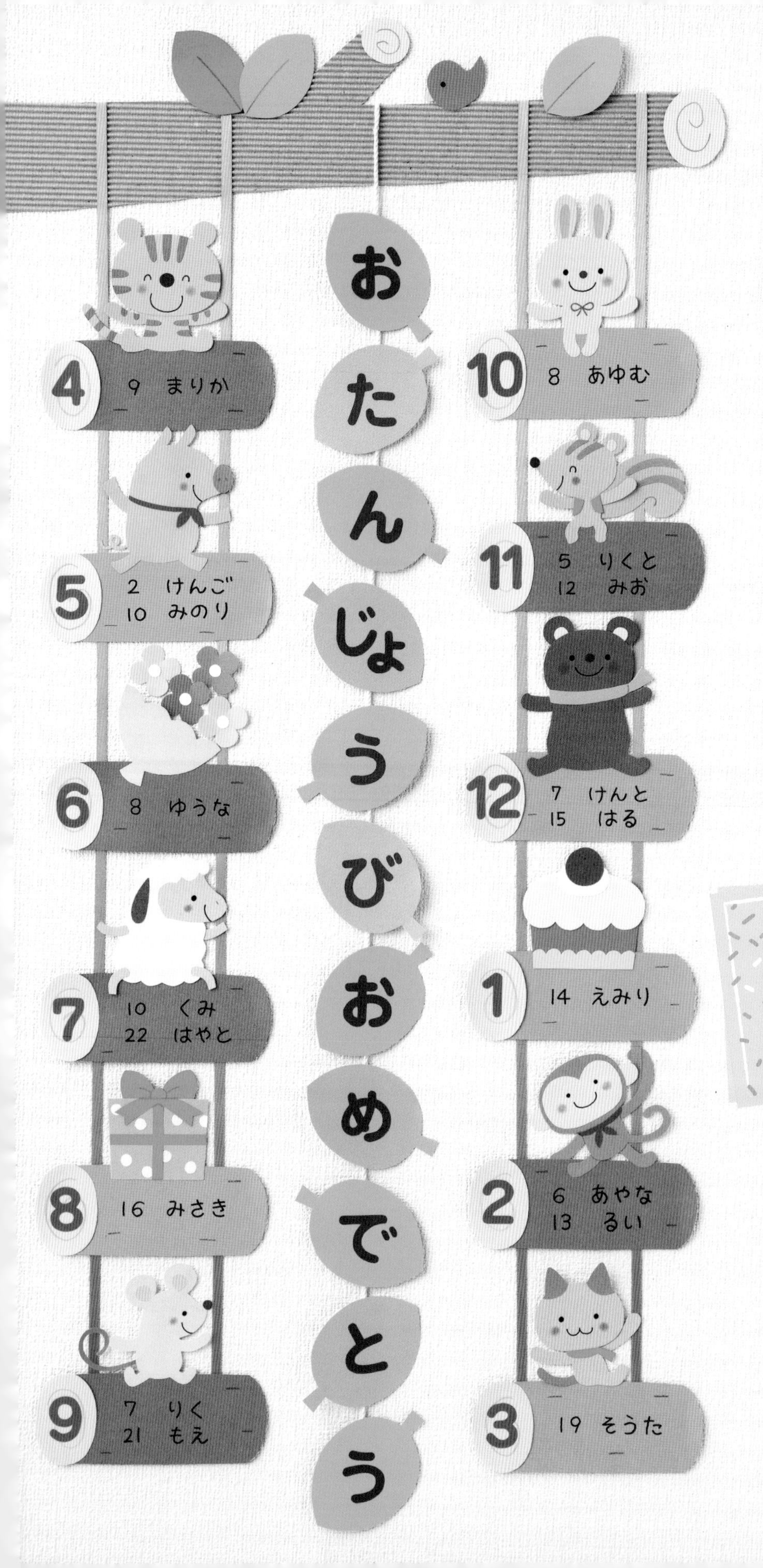

省スペースで楽しむ お誕生表

飾るスペースに困らない、臨機応変に飾れるプランをご紹介します。

スペースに合わせて飾りたい

縦使いで省スペース

なかよしブランコのお誕生表

縦長のスペースに飾れるお誕生表です。丸太の数を調節すれば、長さを自由に変えられます。

小さなスペースに

1か月タイプのお誕生ボード

ミニキャンバスに飾ったお誕生ボード。文字のモチーフはそのままに、四季でモチーフを変えて飾ります。

100円ショップのイーゼルにのせて。

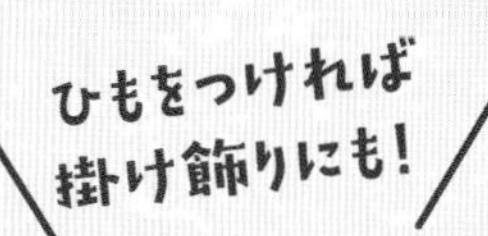

コンパクトで
かわいさ
抜群

季節でモチーフを変えて

スタンドタイプのスイーツお誕生表

お店に見たてたボードに、お菓子が並ぶお誕生表。後ろに段ボールの支えがあるので、置いて飾れます。お菓子の種類は季節ごとに変えて変化をつけて。

縦長のスペースに
ぴったり!

なかよし マンション お誕生表

屋根はマスキングテープを組み合わせて貼ります。マンションの高さと棟数を変えれば、横長の壁にも飾れます。お誕生月には風船を。

入り口付近の狭いスペースにも

コンパクトにまとめて

小ぶりのコルクボードで

うさぎとたまごのお誕生ボード

市販のコルクボードを使ったお誕生ボード。ボードのフレームをレースリボンやマスキングテープで飾れば、カラフルでポップに！

スペースを気にせず飾れる

ケーキとお菓子のお誕生ボード

大きなお誕生表が飾れない部屋でも印象的に飾れます。ベースの飾りはそのままに、月のモチーフや個人のカードを入れ替えます。

乳児さんクラスにぴったりのお誕生表

カラフルな色使いやキュートなモチーフを前面に出した、乳児さんクラスにおすすめの誕生表です。

ニコニコえがおになる！

積み木のお誕生表

積み木たちがにっこりおめでとう！
積み木はパステルカラーで組み合わせると乳児さんらしさがでます。

楽しいリズムが聴こえてきそう！

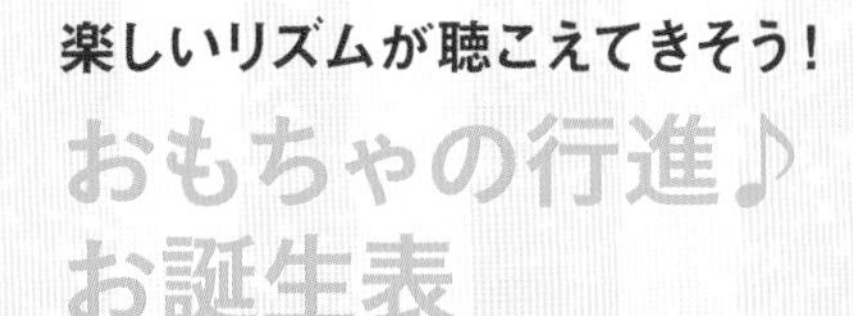

おもちゃの行進♪お誕生表

乳児さんの身近にあるおもちゃをお誕生表にしました。水色の背景がカラフルなおもちゃを引き立てます。

歌の世界をイメージして

ピヨピヨ♥ ひよこちゃんのお誕生表

花に隠れたり、ちょうちょうを追いかけたりする
姿がほほえましい、乳児さんの部屋にぴったりの
お誕生表です。

三角帽子をかぶった

小さな妖精ちゃんのお誕生表

羽の生えたキュートな妖精たちのガーランド。
表情や帽子のデザインで個性を出します。

ガーランド風に飾って

パステルフラッグのお誕生表

かごに乗った動物が「おめでとう♪」と誕生日をお祝い。フラッグはいろいろな形にして、変化をつけるとにぎやかに飾れます。

コロコロした形がかわいい！

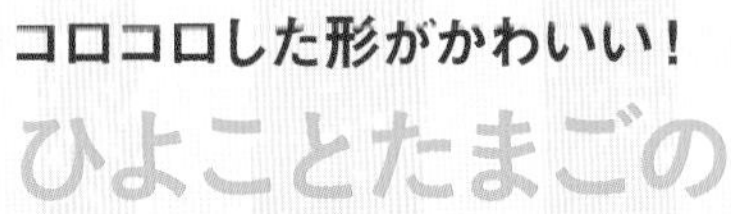

たまごのポケットから、ひよこを出し入れできるお誕生表です。誕生日を迎えたら割れた殻から出してあげましょう。

ひよこは羽を折りたたんでたまごのポケットに収納します。

アイデアたくさん！

バースデーカード

スペシャルな日を迎えた子どもたちに贈りたい手作りカード。
カードを開く楽しみが詰まったプランをご紹介します。

折る
折り方の工夫で
表現が広がる！

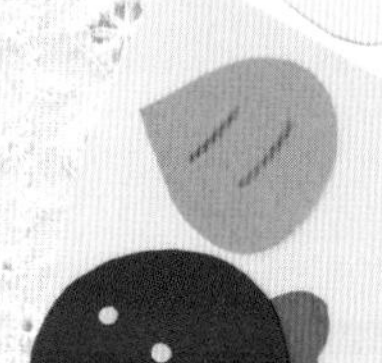

open

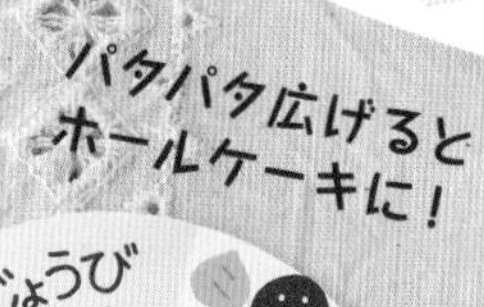

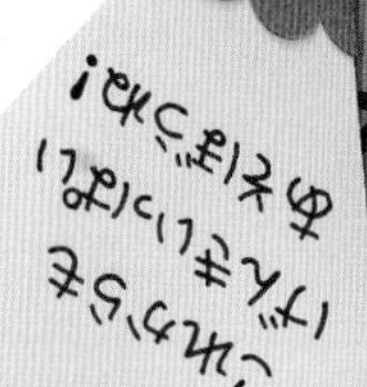

パタパタ広げると
ホールケーキに！

広がる！ いちごのケーキカード

いちごのショートケーキを広げると、大きなホールケーキに変身！
簡単に作れてインパクトのあるカードです。

ハイ・チーズ！ カード

記念日にはカメラが必須！
リボンつきなので首からさげられます。

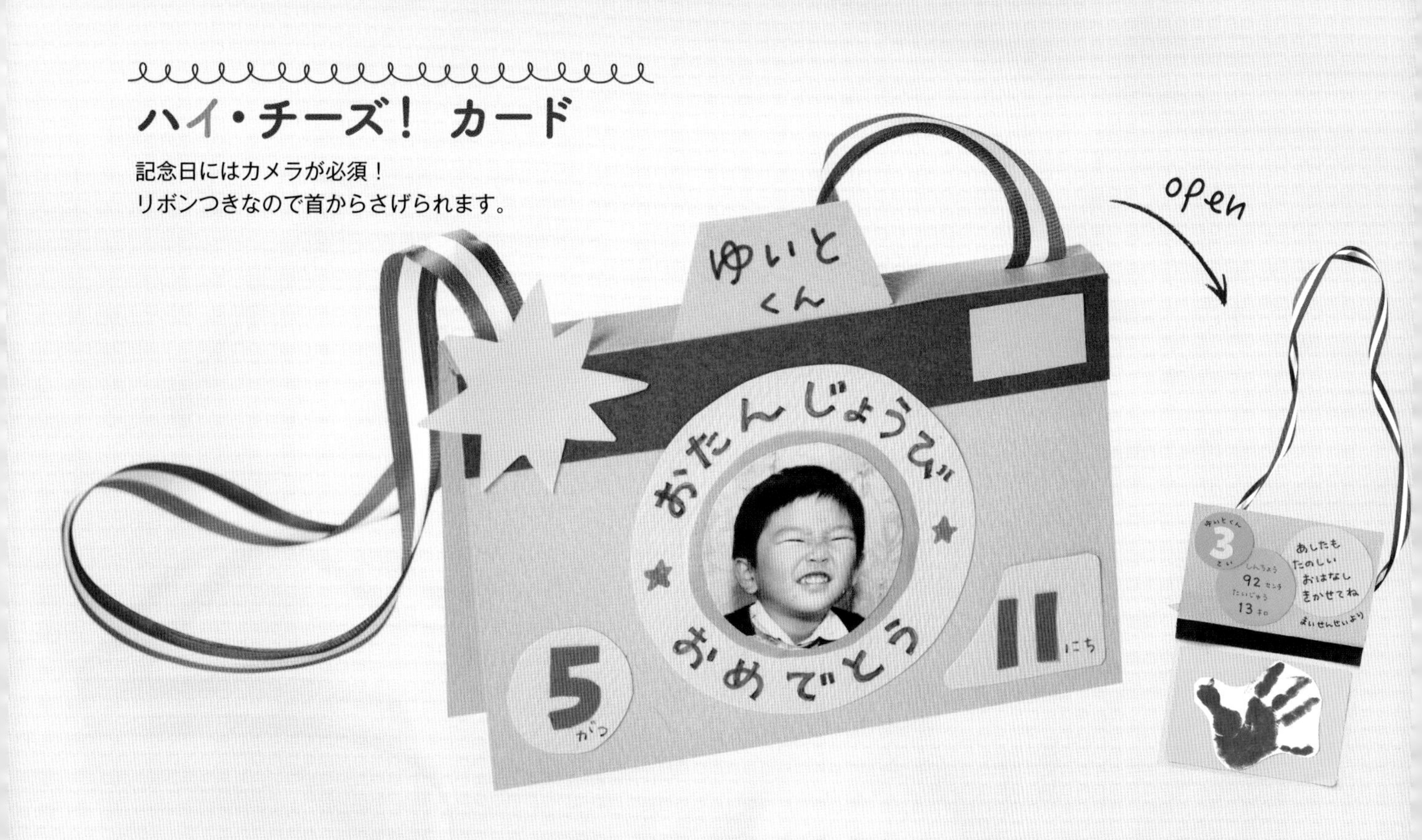

プレゼントを届けるよ！ カード

「とんとんとん」とドアを開けると、そこはぼくの誕生会！
２段階で開く楽しさが詰まったカードです。

フラワーブーケカード

ゴージャスなブーケがカードに！
レースペーパー使いがおしゃれ☆

フルーツたっぷり パフェカード

子どもたちの大好きなフルーツとアイスがたっぷり。閉じるときは、くまさんの手元にカードを差し込んで。

カラフル オーナメントカード

カラフルな吊るし飾りがポイントのカード。季節によって台紙の色を変えてもいいですね。

ポップアップ

飛び出すしかけが
うれしい！

ビッグナンバー
ポップアップカード

ひとつ大きくなった子どもたちに、数字がメインのポップアップカードを贈りましょう。プレゼントやケーキのモチーフが効いていてとってもキュート。色や数字を自由に組み合わせて。

おたんじょうびおめでとう
しんちょう
103 センチ
たいじゅう
16.1 キロ
うんどうがとくいなたくまくんは
いつもげんきいっぱい
さかあがりにちょうせんがんばってね
おたんじょうびおめでとう
しんちょう
109 センチ
たいじゅう
18.5 キロ
おたんじょうびおめでとう
しんちょう
115 センチ
たいじゅう
20.1 キロ
かかりのおしごとをがんばっている
こうすけくんのすがたは
かっこよくてだいすきです
おたんじょうびおめでとう
しんちょう
96.7 センチ
たいじゅう
14.3 キロ
おしゃべりがだいすきなもえかちゃん
かわいくおはなししてくれるのを
まいにちたのしみにしてるよ
しいなこうすけくん
おがわたくまくん
うえだみさきちゃん
open
はやしもえかちゃん

いちごのバースデーケーキカード

簡単なしかけなのに超豪華！　このポップアップカードは、大定番のケーキがモチーフ。子どもが喜ぶこと間違いなし！

ポップアップ！
バースデーケーキカード

くまさんが持ったプレゼントからケーキが
どーん！　簡単なポップアップでかわいい、
これぞ王道のカードです。

くまさんと
バースデーパーティー！

カードを開くと、パーティー会場に早変わり。
くまさんの笑顔がお祝いの気持ちを伝えてく
れます。

伸びる
ぼくが船長カード

新しい歳を祝って、大海原へ出航！　いかりマークの部分で、畳んだカードをとめられます。

じゃばら折り

開いたときに
サプライズ！

まんまるくまさんカード

くまさんがいろいろな表情でお祝い！
ころんとした形がかわいいカードです。

マトリョーシカカード

三人のマトリョーシカがなかよく並びました。裏面にメッセージなどを書いて、広げる楽しさもプラス。

ハッピードライブカード

カードを開くと、その大きさに子どももびっくり！　車の窓に合わせて写真を飾ります。

ブック型アニバーサリーカード

じゃばらに折った紙に表紙をつけて、メッセージや写真を貼ります。
思い出がぎゅっと詰まった記念のフォトブックに。

わんちゃんのサプライズカード

カードを開くと、わんちゃんが花束と風船でお祝い！
立てて飾れるカードです。

とろーり
オムライスカード

子どもが大好きなオムライスを回転させると……。名前をケチャップ風に書くのがポイントです。

open

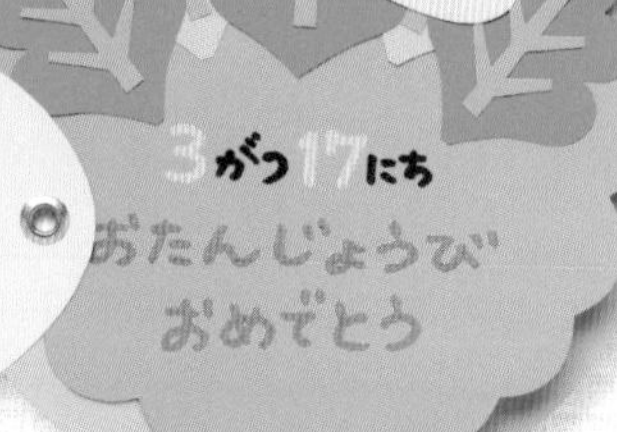

open

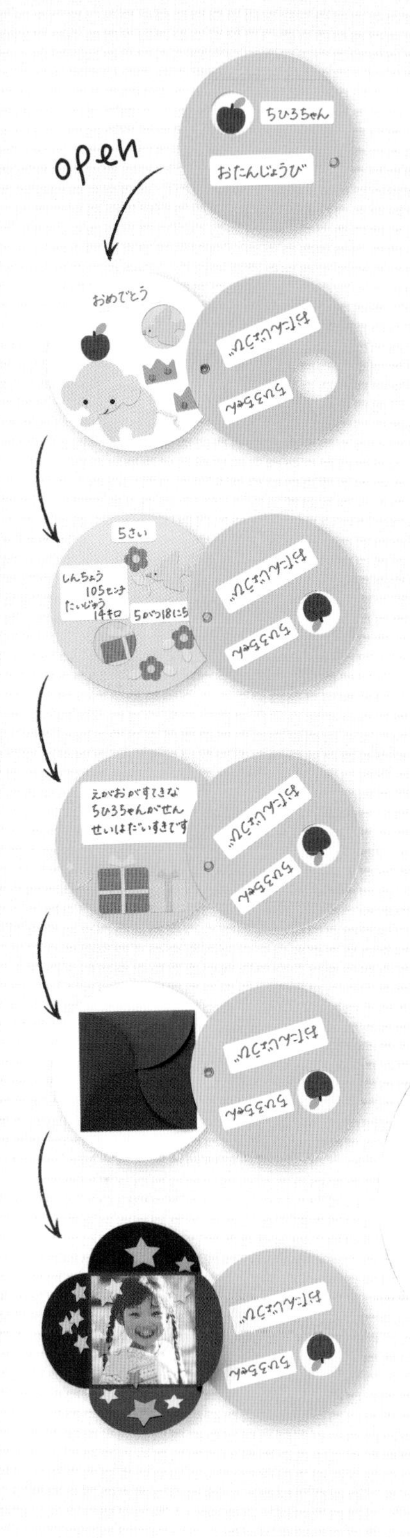

ぞうさん ハトメカード

カードをスライドさせるたびに、穴から可愛いモチーフが覗きます。最後の一枚には写真を貼って、子どもへのサプライズに。

主役にぴったり!

お誕生メダル

誕生会の主役の胸を華やかに
飾るのはこのメダル!
簡単に作れるアイデア
いっぱいのプランです。

スターエンブレムメダル

立体の星がゴールドにきらめく、
かっこよさ抜群のメダル。

ねこちゃんメダル

主役にふさわしく、
王冠とちょうネクタイで
きめました。

ひまわりの花束メダル

お花で特別な日を演出。
カラーポリ袋の花びらが
かわいい！

リボンのキラキラメダル

丸くカーブさせたミラーテープが
輝く誕生日をお祝い！

あなたが主役！
金メダルカード

お誕生会の主役にぴったり！
首からかけられるようにリボン
をつけた金メダルカードです。

すぐに・かわいく・作れる
コピー用型紙

P.4～64で紹介している制作物の型紙と作り方です。
壁面の大きさや用途に合わせて自由にご利用ください。

山折り ―・―・― 谷折り - - - - - - 切り込み ………
切りとり のりしろ

型紙コピーの倍率計算ツールを使うと便利です。

P.4～5 ティーパーティーのお誕生表

※ケーキスタンド、ティーポット、ティーカップは、140%に拡大すると、ほかとのバランスがとれます。

●コピー型紙をご利用になる際には、このメッセージが見えるようにしっかり開くと、きれいにコピーをすることができます。

●コピー型紙をご利用になる際には、このメッセージが見えるようにしっかり開くと、きれいにコピーをすることができます。

※音符、数字、「おたんじょうびおめでとう！」は、
200%に拡大すると、ほかとのバランスが
とれます。

P.6〜7　音符とねこのお誕生表

●コピー型紙をご利用になる際には、このメッセージが見えるようにしっかり開くと、きれいにコピーをすることができます。

P.8　気球のお誕生表

※太陽は、120%に拡大すると、ほかとのバランスがとれます。

●コピー型紙をご利用になる際には、このメッセージが見えるようにしっかり開くと、きれいにコピーをすることができます。

※雲は、120%に拡大すると、
ほかとのバランスがとれます。

P.9 フラワーガーデンのお誕生表

●コピー型紙をご利用になる際には、このメッセージが見えるようにしっかり開くと、きれいにコピーをすることができます。

P.10 カラフル風船のお誕生表

●コピー型紙をご利用になる際には、このメッセージが見えるようにしっかり開くと、きれいにコピーをすることができます。

P.11　虹とフラッグのお誕生表

※虹と雲は、200%に拡大すると、ほかとのバランスがとれます。

●コピー型紙をご利用になる際には、このメッセージが見えるようにしっかり開くと、きれいにコピーをすることができます。

P.12　フォトガーランドのお誕生飾り

※「HAPPY BIRTHDAY」は、270%に拡大すると、ほかとのバランスがとれます。

●コピー型紙をご利用になる際には、このメッセージが見えるようにしっかり開くと、きれいにコピーをすることができます。

P.13　花束のお誕生表

※花束は、140%に拡大すると、ほかとのバランスがとれます。

●コピー型紙をご利用になる際には、このメッセージが見えるようにしっかり開くと、きれいにコピーをすることができます。

P.14　おもしろアニマルのお誕生表

P.15 イースターエッグのお誕生表

●コピー型紙をご利用になる際には、このメッセージが見えるようにしっかり開くと、きれいにコピーをすることができます。

P.16　七ひきのこやぎのお誕生表

●コピー型紙をご利用になる際には、このメッセージが見えるようにしっかり開くと、きれいにコピーをすることができます。

※「おたんじょうびおめでとう」は140%、家は300%に拡大すると、ほかとのバランスがとれます。

P.17　ブレーメンの音楽隊のお誕生表

●コピー型紙をご利用になる際には、このメッセージが見えるようにしっかり開くと、きれいにコピーをすることができます。

●コピー型紙をご利用になる際には、このメッセージが見えるようにしっかり開くと、きれいにコピーをすることができます。

P.20　4シーズンのバースデーリース

※リースは、200％に拡大すると、ほかとのバランスがとれます。

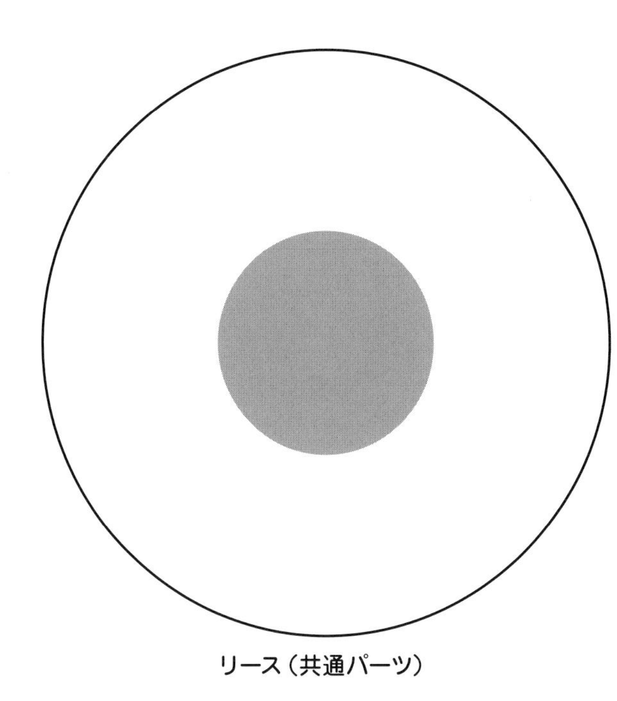

リース（共通パーツ）

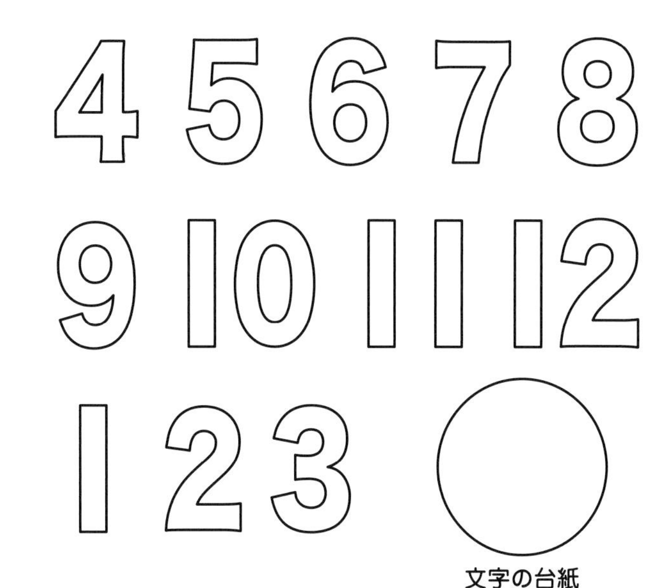

文字の台紙

おたんじょうびおめでとう

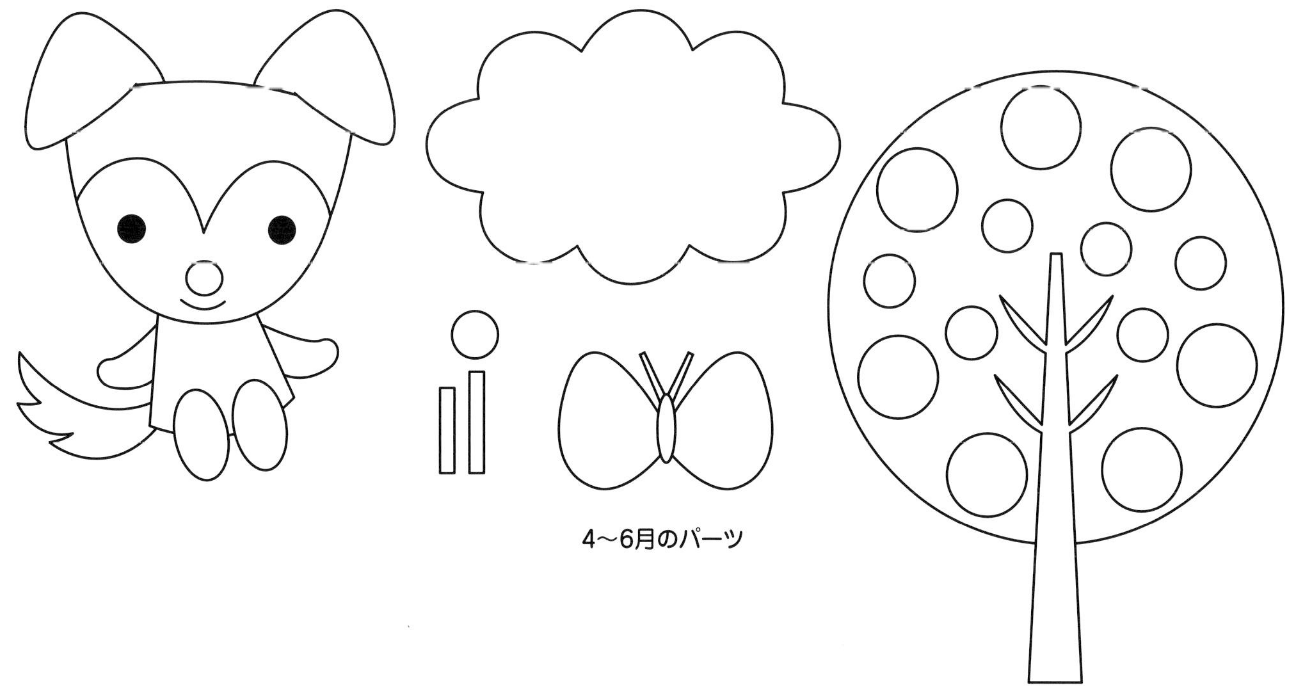

4〜6月のパーツ

●コピー型紙をご利用になる際には、このメッセージが見えるようにしっかり開くと、きれいにコピーをすることができます。

●コピー型紙をご利用になる際には、このメッセージが見えるようにしっかり開くと、きれいにコピーをすることができます。

※気球とリボンは、250%に拡大すると、
ほかとのバランスがとれます。

P.21 四季のバルーンのお誕生表

●コピー型紙をご利用になる際には、このメッセージが見えるようにしっかり開くと、きれいにコピーをすることができます。

●コピー型紙をご利用になる際には、このメッセージが見えるようにしっかり開くと、きれいにコピーをすることができます。

P.22～23　季節を運ぶよ♪ 列車のお誕生表

●コピー型紙をご利用になる際には、このメッセージが見えるようにしっかり開くと、きれいにコピーをすることができます。

4月　5月　6月
7月　8月　9月
10月　11月　12月
1月　2月　3月

●コピー型紙をご利用になる際には、このメッセージが見えるようにしっかり開くと、きれいにコピーをすることができます。

P.24～25　四季のフラワーお誕生表

※「おたんじょうびおめでとう」は、120%に拡大すると、ほかとのバランスがとれます。

●コピー型紙をご利用になる際には、このメッセージが見えるようにしっかり開くと、きれいにコピーをすることができます。

おたんじょうび おめでとう

P.26 四季のお花のお誕生表

●コピー型紙をご利用になる際には、このメッセージが見えるようにしっかり開くと、きれいにコピーをすることができます。

文字の台紙

葉

花

ひよこ

うさぎ

ワゴン

くま

4月

5月

6月

7月

8月

9月

10月

11月

12月

1月

2月

3月

※リボンは、120%に拡大すると、ほかとのバランスがとれます。

P.27　行事のお誕生表

●コピー型紙をご利用になる際には、このメッセージが見えるようにしっかり開くと、きれいにコピーをすることができます。

P.28～29　フラワーガーランドのお誕生表

※「HAPPY BIRTHDAY」、数字、くまの台紙、うさぎの台紙は、200%に拡大すると、ほかとのバランスがとれます。

P.30～31　ことりのお誕生ガーランド

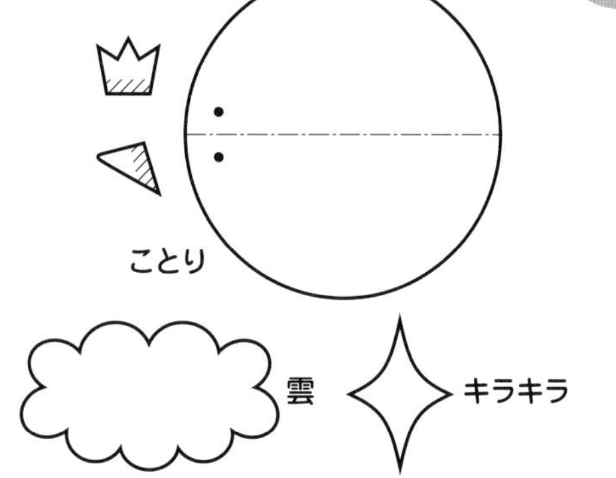

4 5 6 7 8 9 10 11 12 1 2 3

HAPPY
BIRTHDAY

●コピー型紙をご利用になる際には、このメッセージが見えるようにしっかり開くと、きれいにコピーをすることができます。

P.31　のっぽなお城のお誕生表

※「おたんじょうびおめでとう！」、城のパーツは、250％に拡大すると、ほかとのバランスがとれます。

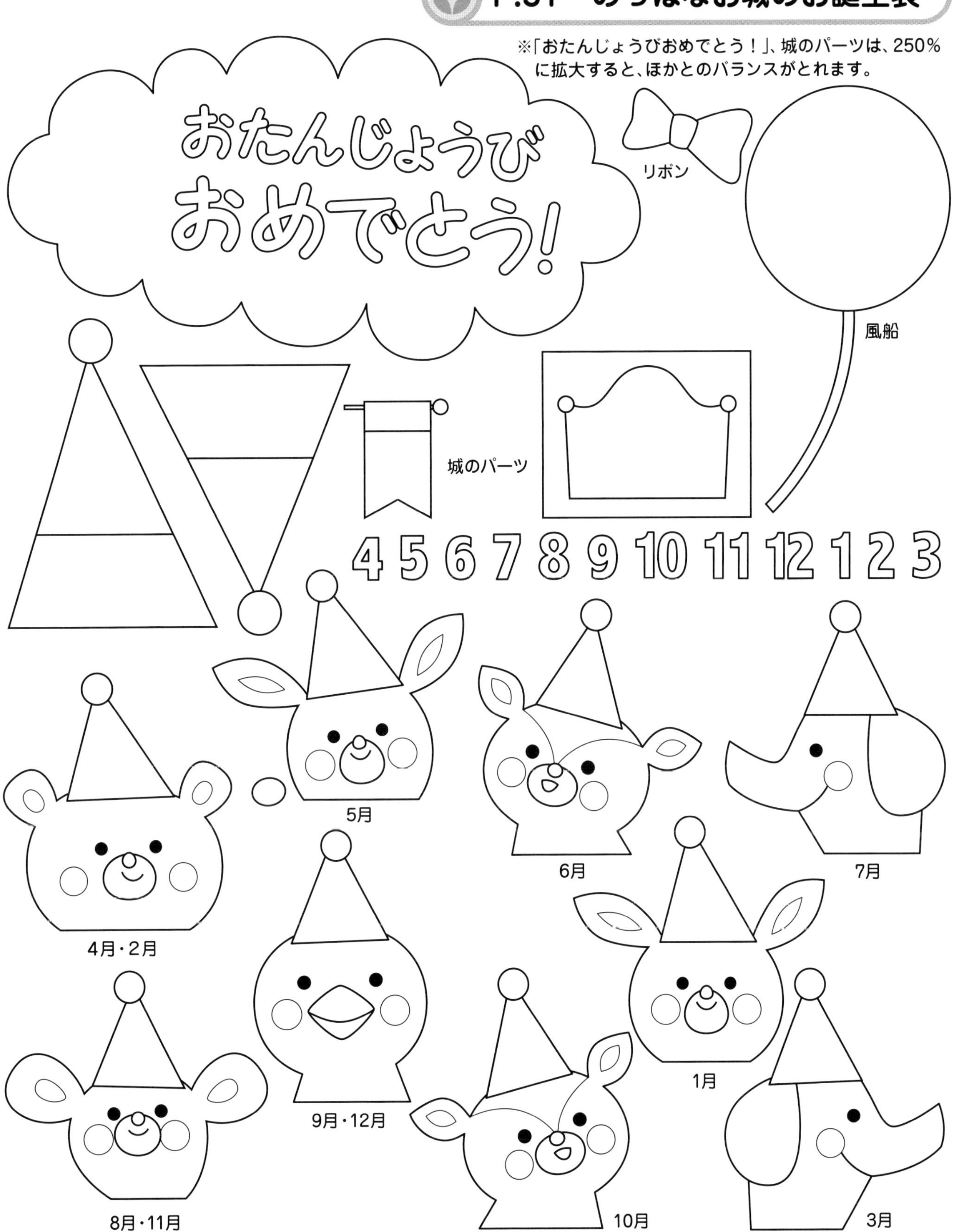

●コピー型紙をご利用になる際には、このメッセージが見えるようにしっかり開くと、きれいにコピーをすることができます。

※風船A～F、とり、「おたんじょうびおめでとう！」は、140％に拡大すると、ほかとのバランスがとれます。

P.32　カラフル風船のお誕生表

●コピー型紙をご利用になる際には、このメッセージが見えるようにしっかり開くと、きれいにコピーをすることができます。

P.33　えんバスのクルクルお誕生表

P.33　マトリョーシカのお知らせボード

●コピー型紙をご利用になる際には、このメッセージが見えるようにしっかり開くと、きれいにコピーをすることができます。

P.34　街並みのお誕生表

※太陽、雲は、120％に拡大すると、ほかとのバランスがとれます。

●コピー型紙をご利用になる際には、このメッセージが見えるようにしっかり開くと、きれいにコピーをすることができます。

P.35　海のいきもの大集合！　お誕生表

※数字、台紙、「おたんじょうびおめでとう」は、160%
に拡大すると、ほかとのバランスがとれます。

4 5 6 7 8 9
10 11 12 1 2 3

台紙

泡

おたんじょうびおめでとう

4月

5月

6月

7月

8月

9月

10月

11月

12月

1月

2月

3月

●コピー型紙をご利用になる際には、このメッセージが見えるようにしっかり開くと、きれいにコピーをすることができます。

P.35　カラフルことりのお誕生表

●コピー型紙をご利用になる際には、このメッセージが見えるようにしっかり開くと、きれいにコピーをすることができます。

※「おたんじょうびおめでとう」と数字、丸太、葉、とり、枝、文字の台紙は、130%に拡大すると、ほかとのバランスがとれます。

P.36　なかよしブランコのお誕生表

●コピー型紙をご利用になる際には、このメッセージが見えるようにしっかり開くと、きれいにコピーをすることができます。

●コピー型紙をご利用になる際には、このメッセージが見えるようにしっかり開くと、きれいにコピーをすることができます。

P.37　1か月タイプのお誕生ボード

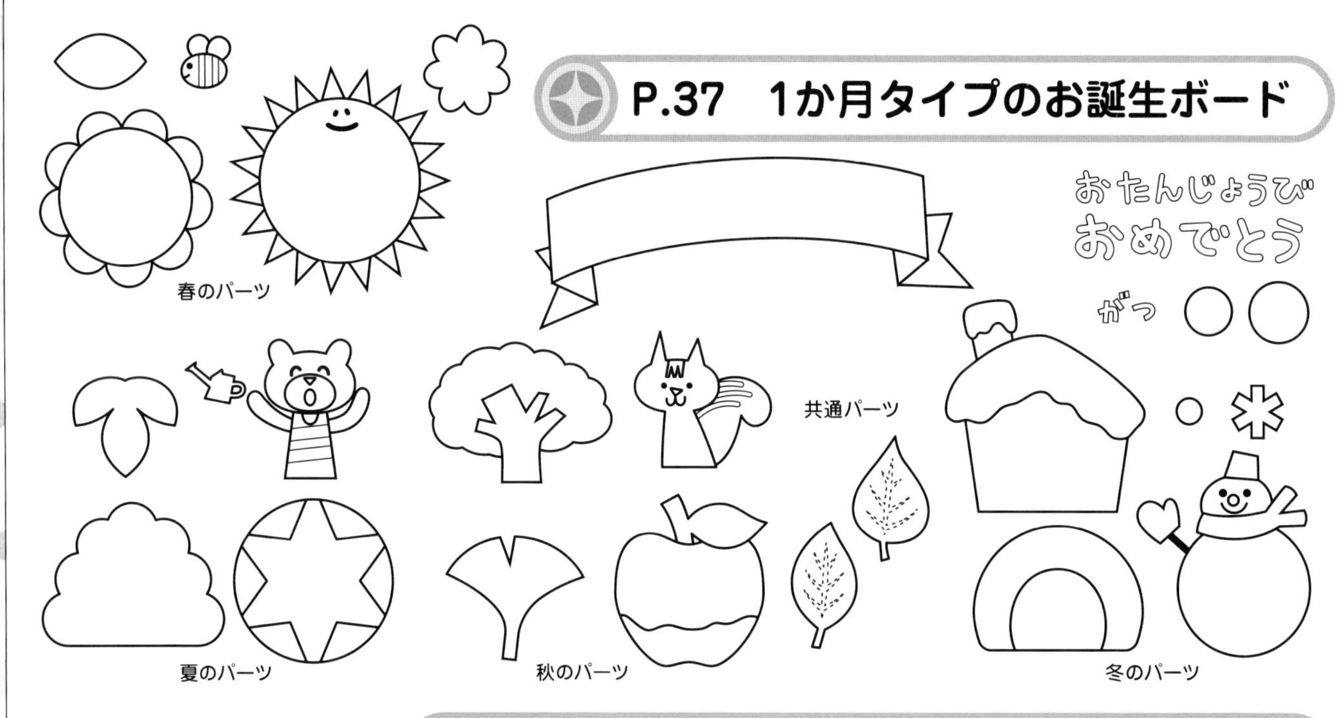

P.38　スタンドタイプのスイーツお誕生表

※スプーンとフォーク以外は、150%に拡大すると、スプーンとフォークとのバランスがとれます。

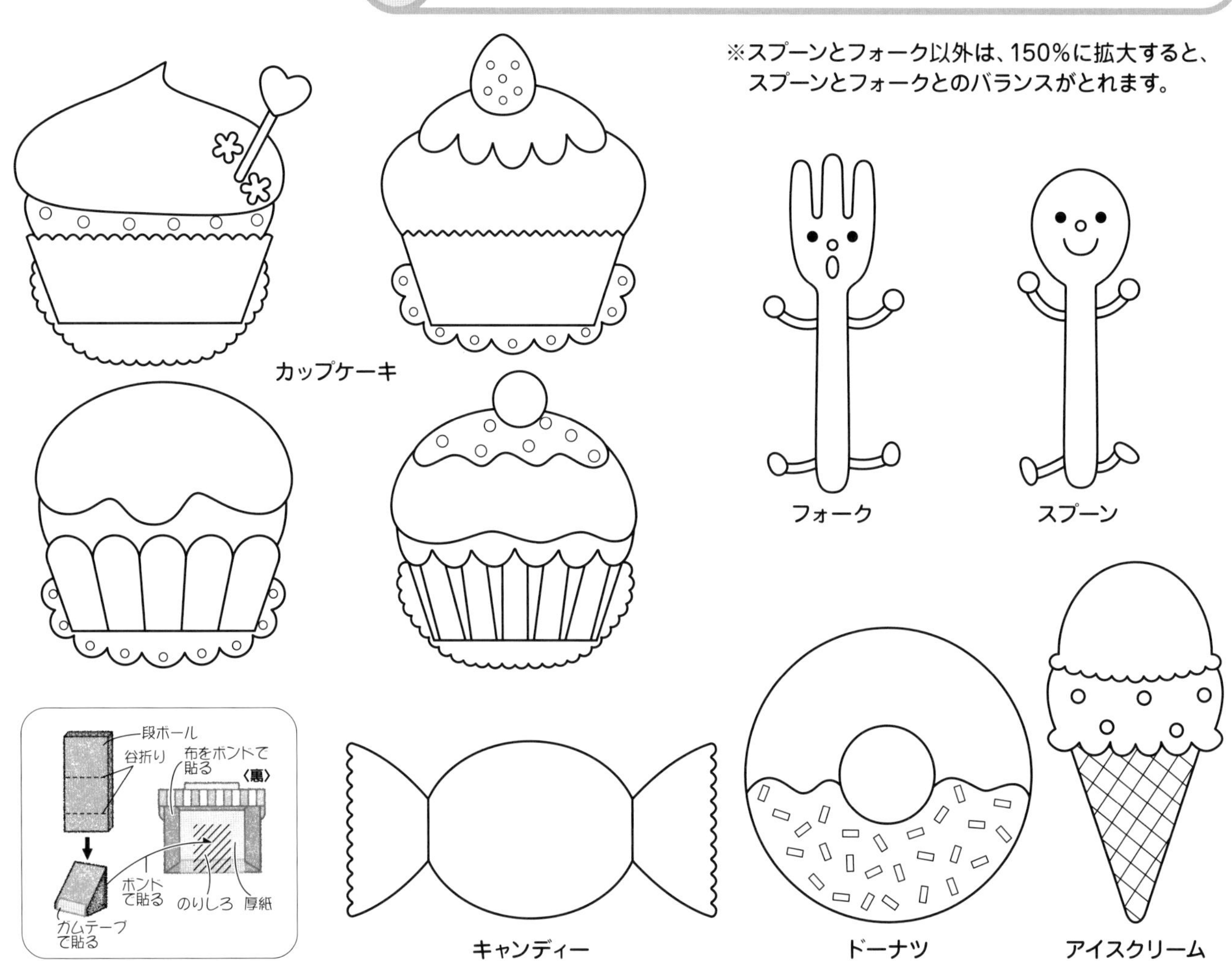

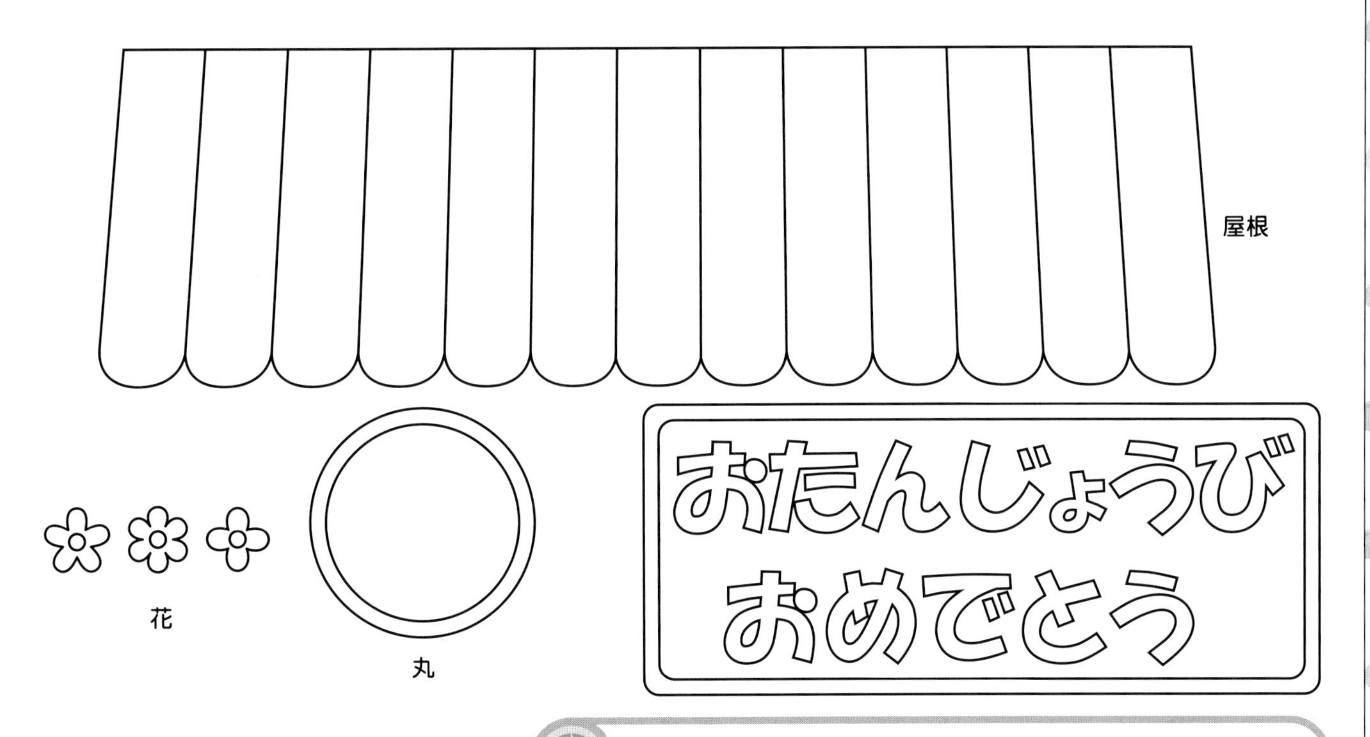

P.39 なかよしマンションお誕生表

※動物以外は、250%に拡大すると、動物とのバランスがとれます。

●コピー型紙をご利用になる際には、このメッセージが見えるようにしっかり開くと、きれいにコピーをすることができます。

P.40　うさぎとたまごのお誕生ボード

※「おたんじょうびおめでとう」は、160%に拡大すると、ほかとのバランスがとれます。

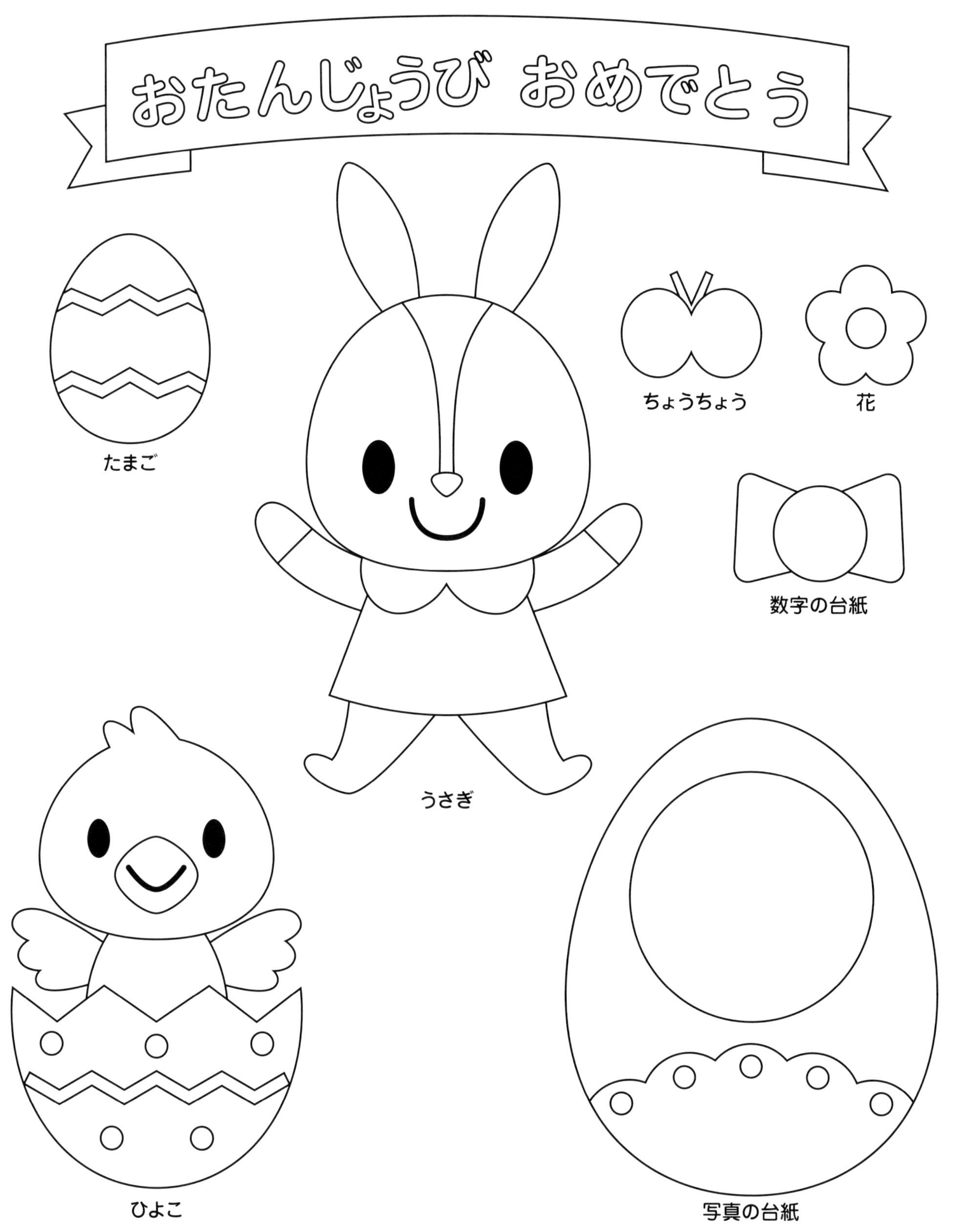

●コピー型紙をご利用になる際には、このメッセージが見えるようにしっかり開くと、きれいにコピーをすることができます。

P.41　ケーキとお菓子のお誕生ボード

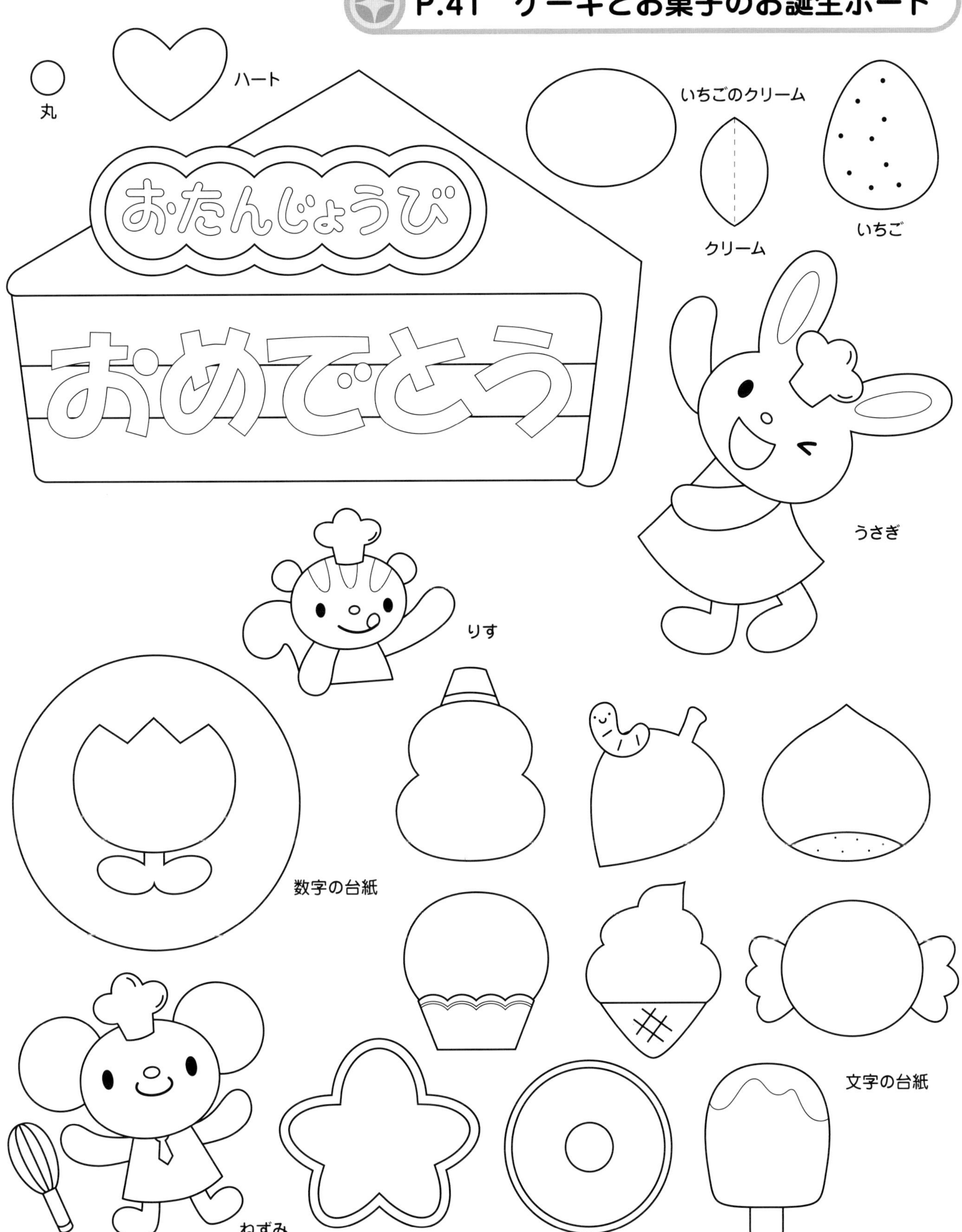

●コピー型紙をご利用になる際には、このメッセージが見えるようにしっかり開くと、されいにコピーをすることができます。

P.42　積み木のお誕生表

●コピー型紙をご利用になる際には、このメッセージが見えるようにしっかり開くと、きれいにコピーをすることができます。

●コピー型紙をご利用になる際には、このメッセージが見えるようにしっかり開くと、きれいにコピーをすることができます。

P.44　ピヨピヨ♥ひよこちゃんのお誕生表

●コピー型紙をご利用になる際には、このメッセージが見えるようにしっかり開くと、きれいにコピーをすることができます。

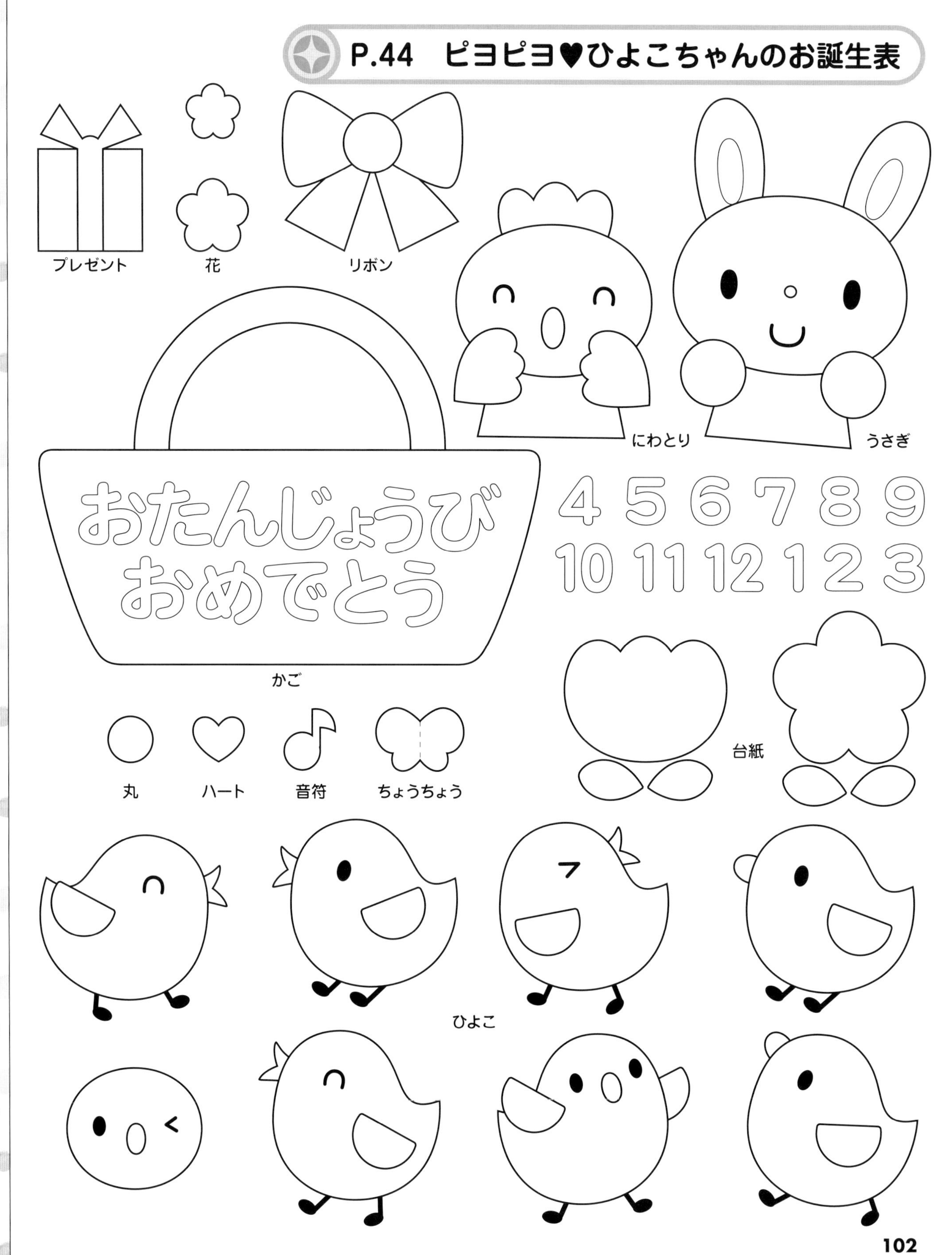

P.45　小さな妖精ちゃんのお誕生表

●コピー型紙をご利用になる際には、このメッセージが見えるようにしっかり開くと、きれいにコピーをすることができます。

P.46　パステルフラッグのお誕生表

※かごとフラッグは、200%に拡大すると、ほかとのバランスがとれます。

●コピー型紙をご利用になる際には、このメッセージが見えるようにしっかり開くと、きれいにコピーをすることができます。

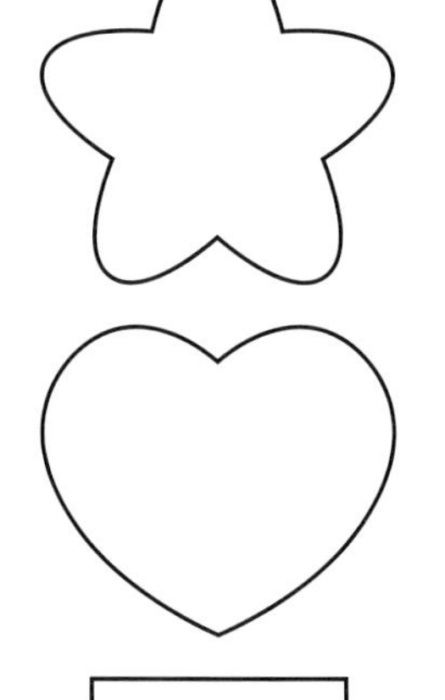

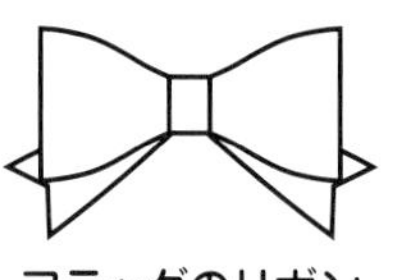

フラッグのリボン

うさぎ

くま

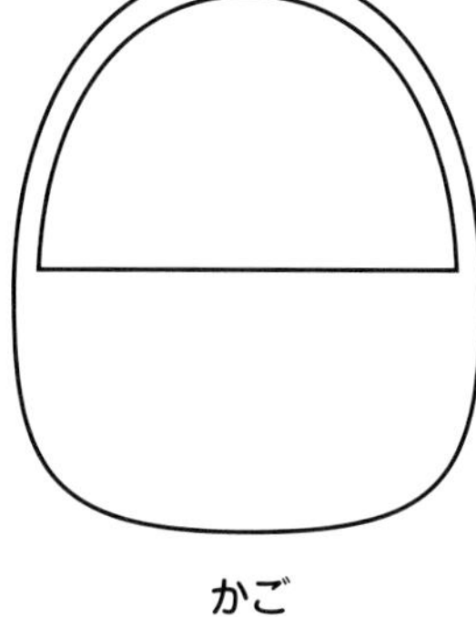

かごのパーツ

かご

フラッグ

飾りの花

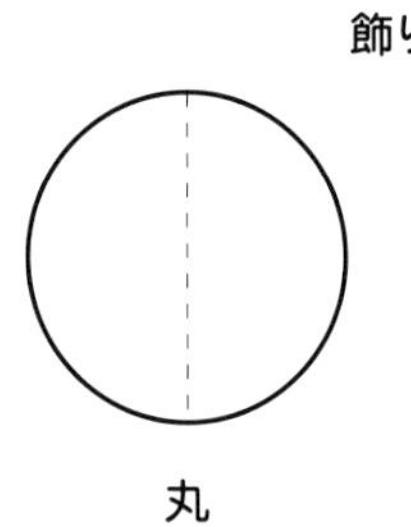

丸

とり

4567891011112123

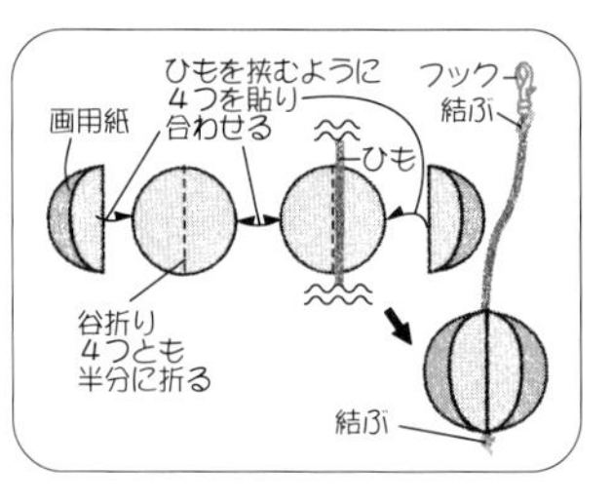

おたんじょうび
おめでとう

文字の台紙

P.47　ひよことたまごのお誕生表

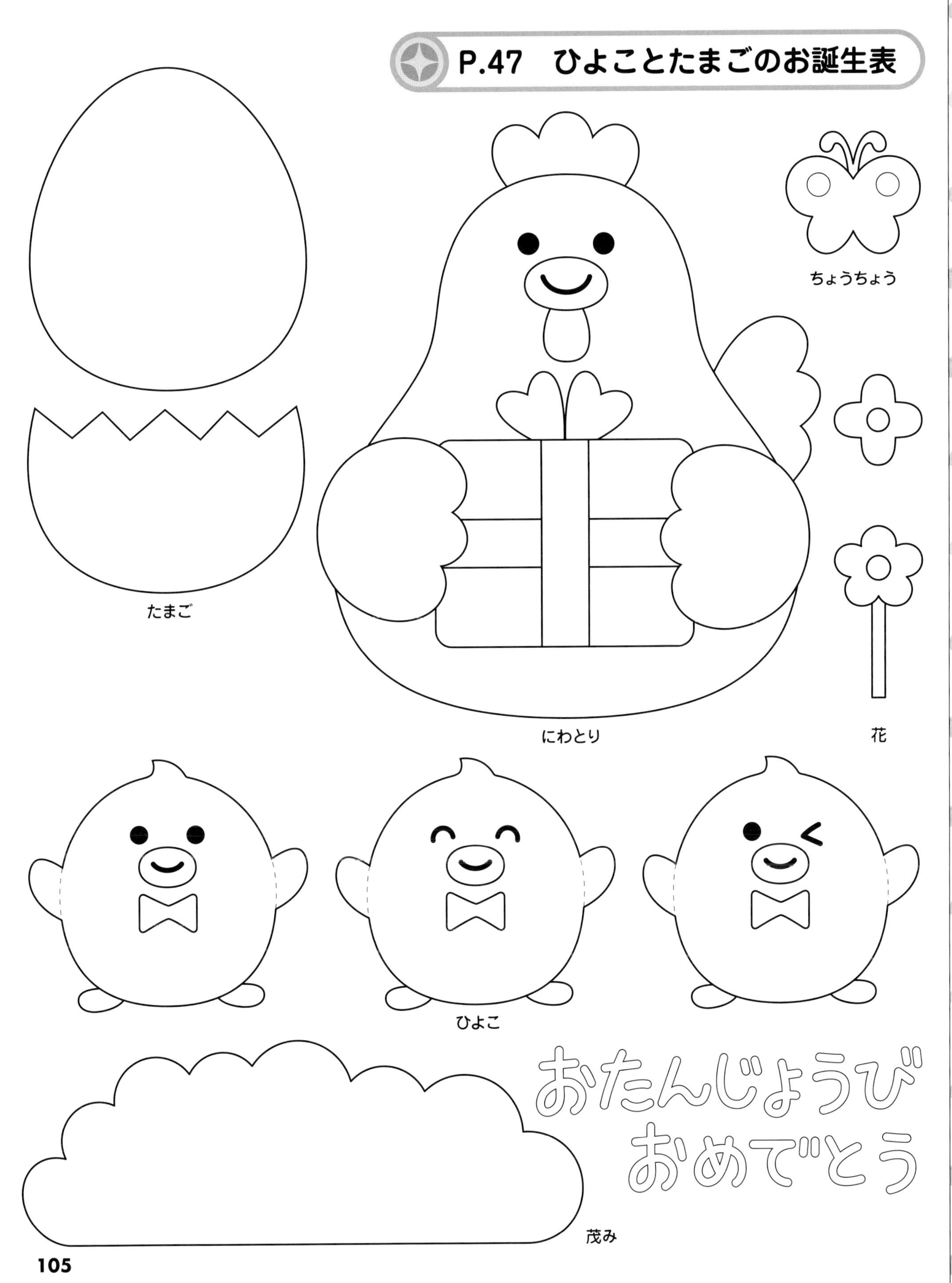

●コピー型紙をご利用になる際には、このメッセージが見えるようにしっかり開くと、きれいにコピーをすることができます。

●コピー型紙をご利用になる際には、このメッセージが見えるようにしっかり開くと、きれいにコピーをすることができます。

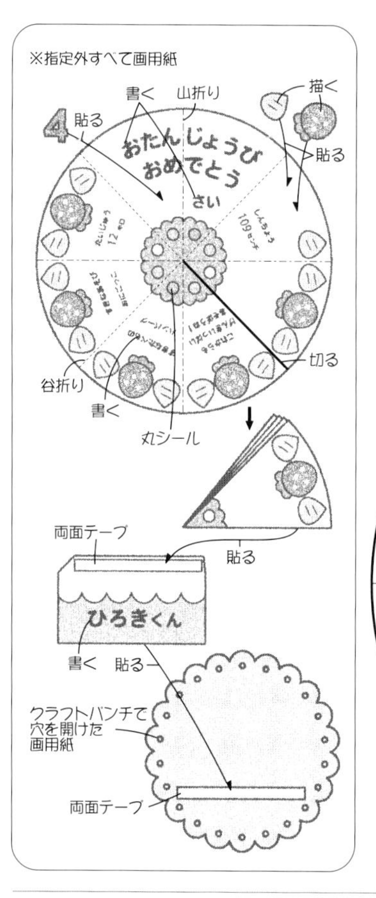

P.48 広がる！ いちごのケーキカード

※270%に拡大すると、実寸になります。

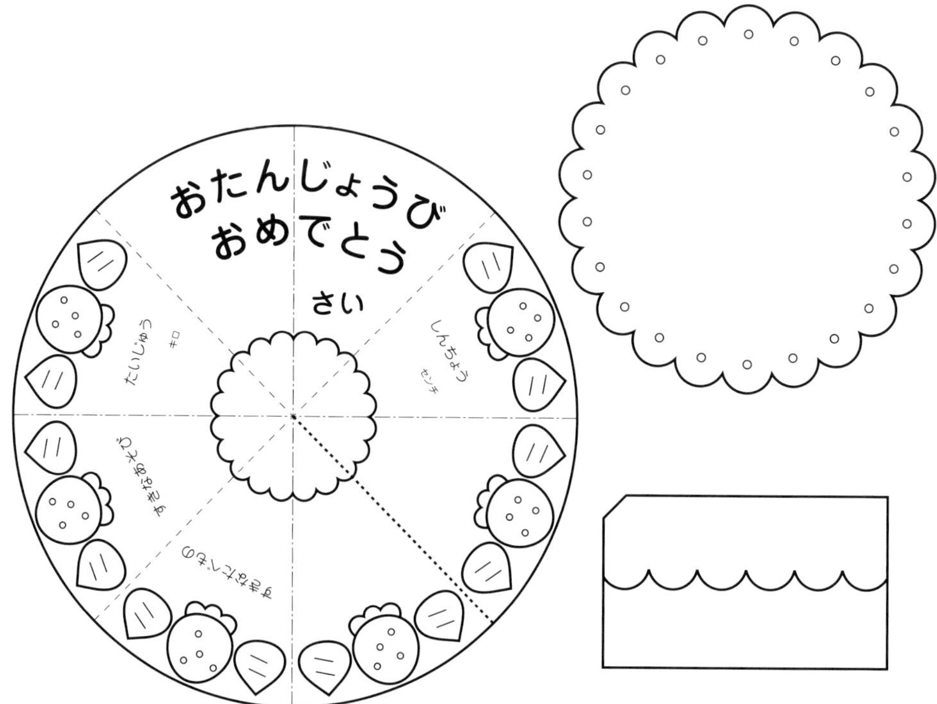

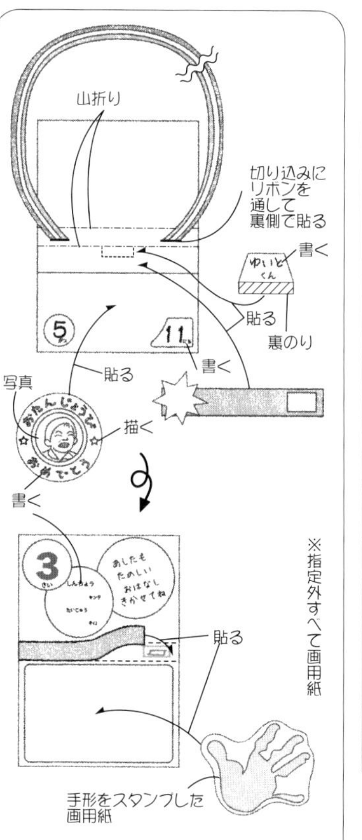

※230%に拡大すると、実寸になります。

P.49 ハイ・チーズ！ カード

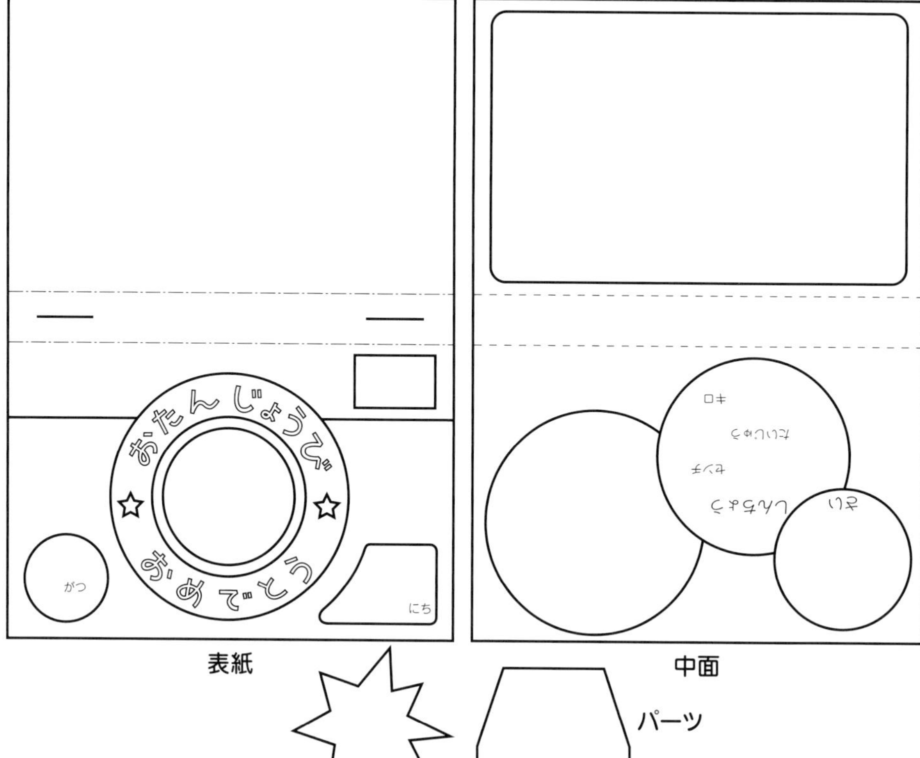

※300%に拡大すると、実寸になります。

P.49 プレゼントを届けるよ！ カード

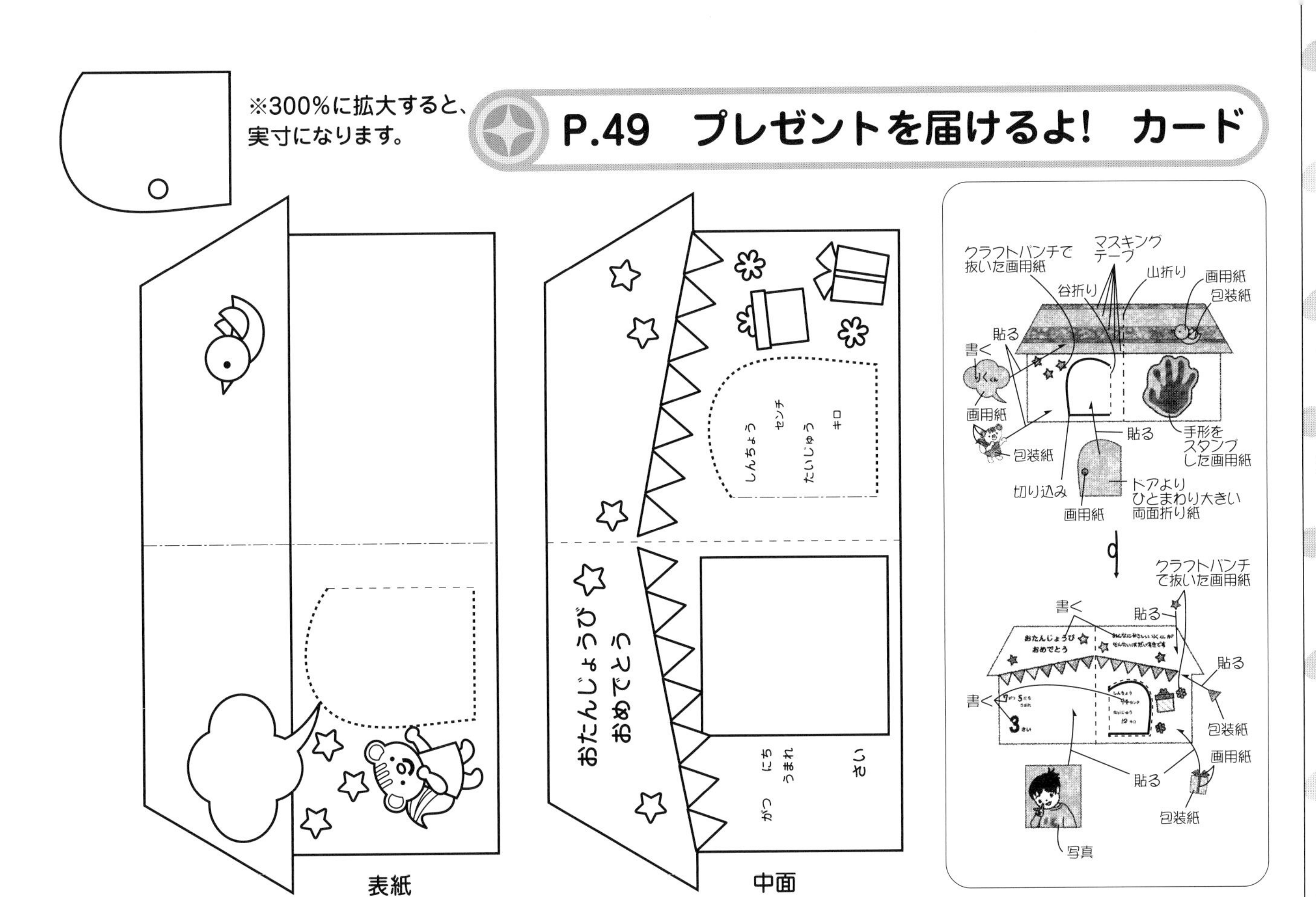

P.50 フラワーブーケカード

※台紙とパーツを190%に拡大すると、実寸になります。

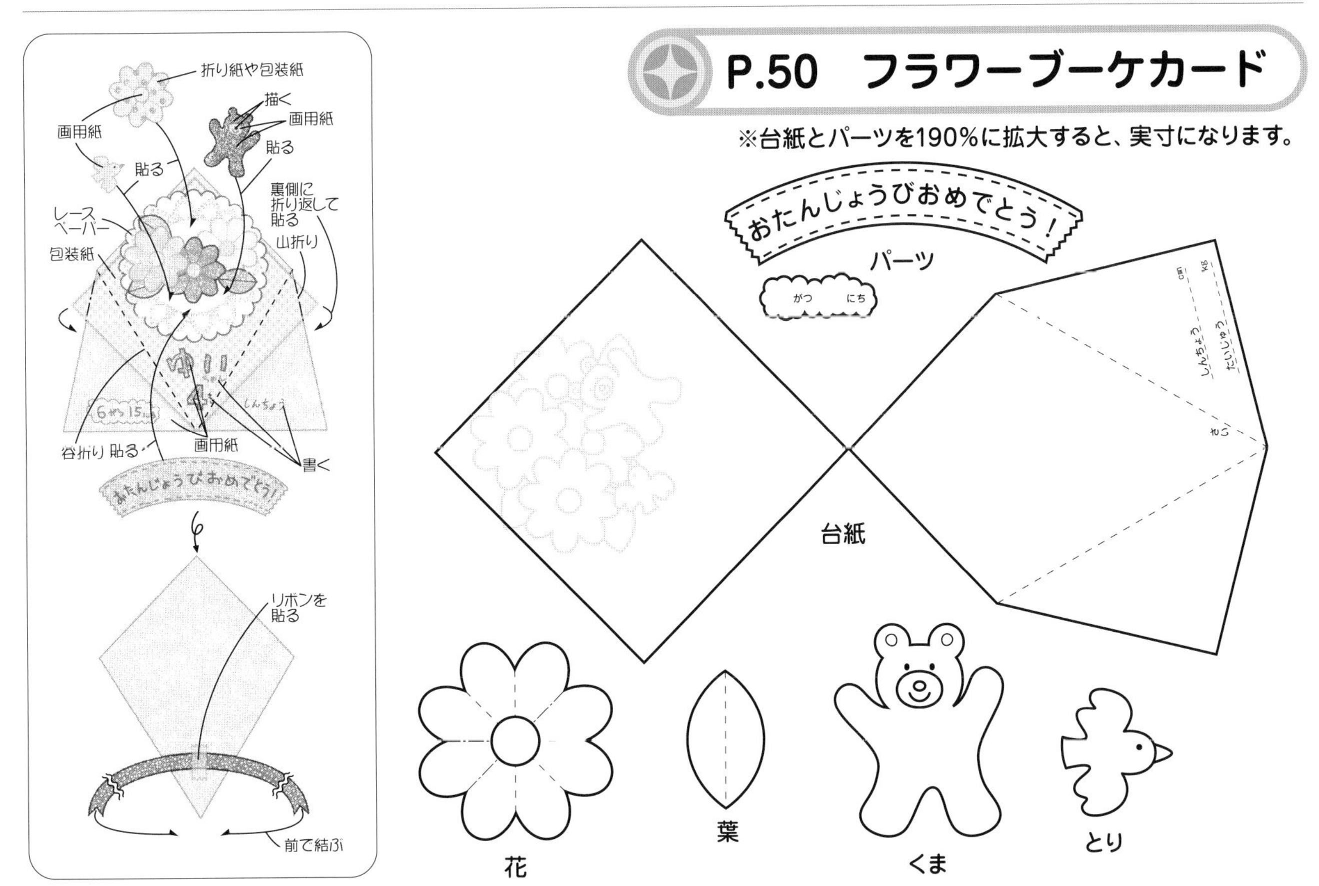

●コピー型紙をご利用になる際には、このメッセージが見えるようにしっかり開くと、きれいにコピーをすることができます。

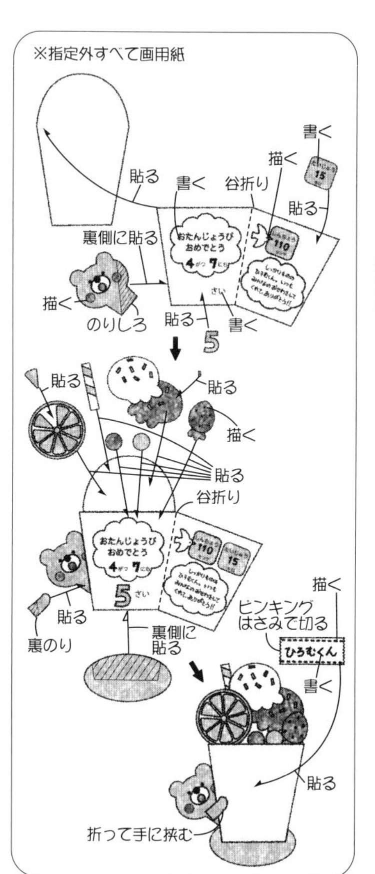

P.51 フルーツたっぷりパフェカード

※200%に拡大すると、実寸になります。

おたんじょうび
おめでとう
がつ にち
さい
しんちょう センチ
たいじゅう キロ

台紙A

皿

台紙B

P.51 カラフルオーナメントカード

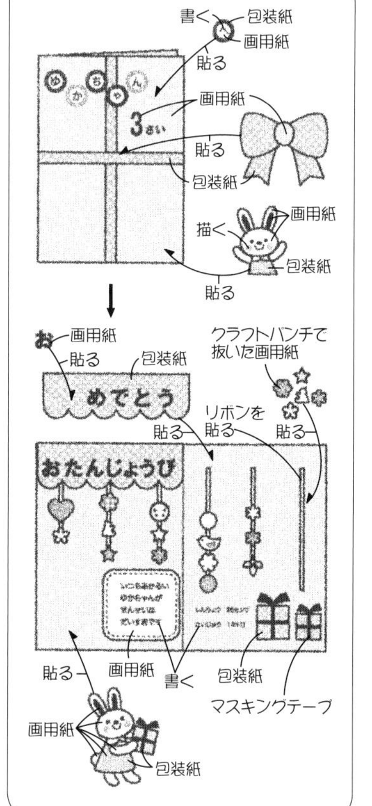

※280%に拡大すると、実寸になります。

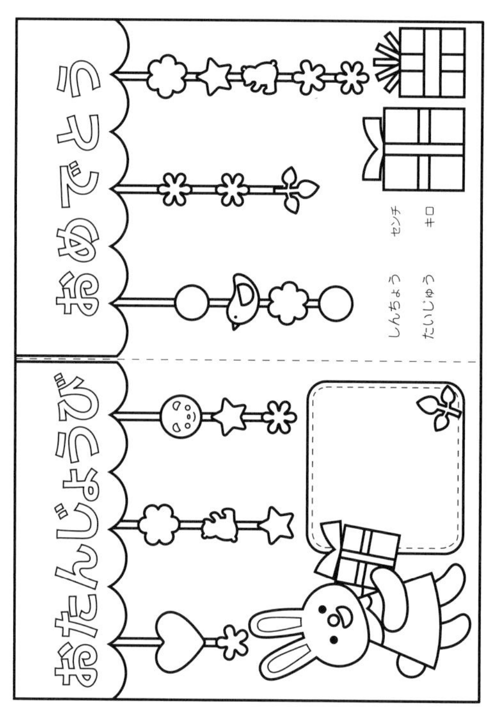

中面

名前の台紙

表紙

P.52～53　ビッグナンバーポップアップカード

※数字は、400％に拡大すると、ほかとのバランスがとれます。

●コピー型紙をご利用になる際には、このメッセージが見えるようにしっかり開くと、きれいにコピーをすることができます。

●コピー型紙をご利用になる際には、このメッセージが見えるようにしっかり開くと、きれいにコピーをすることができます。

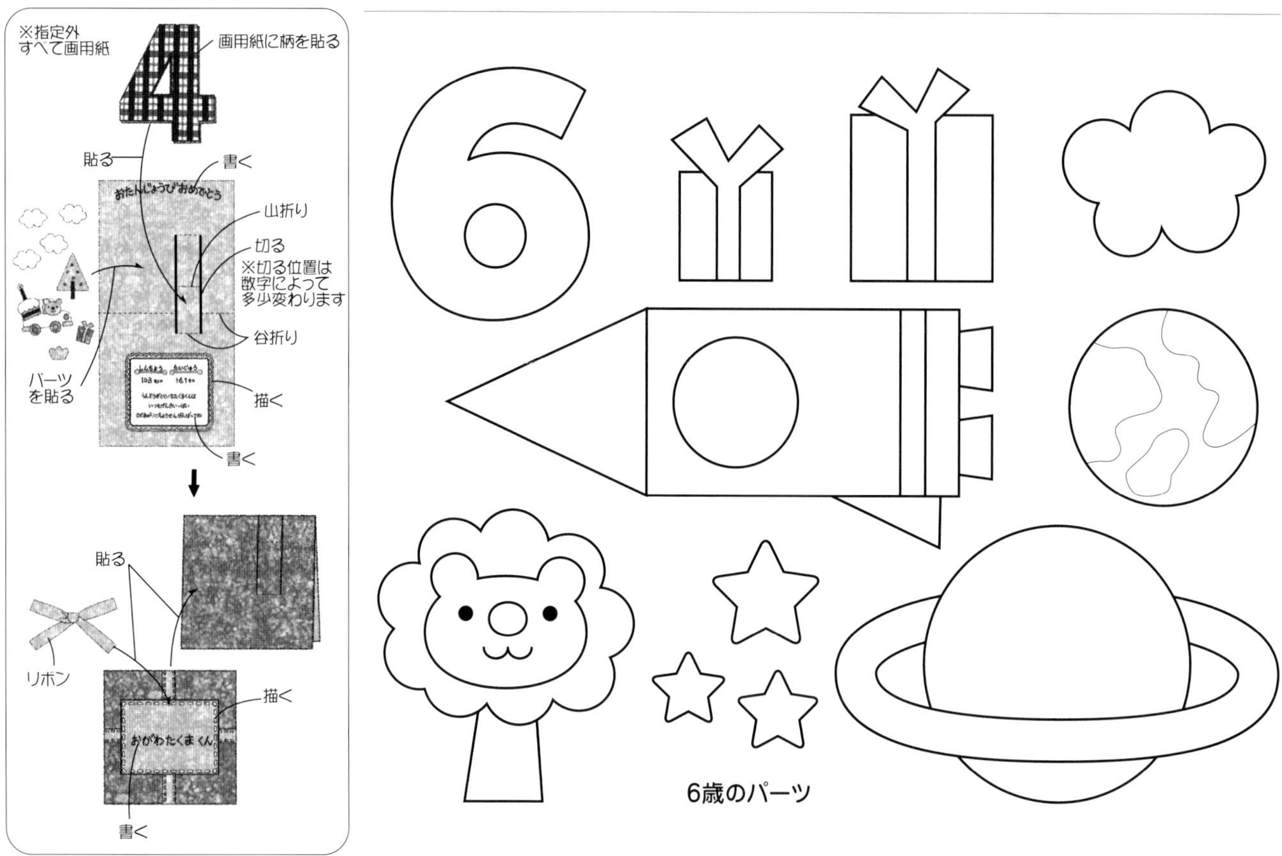

P.54　いちごのバースデーケーキカード

※230%に拡大すると、実寸になります。

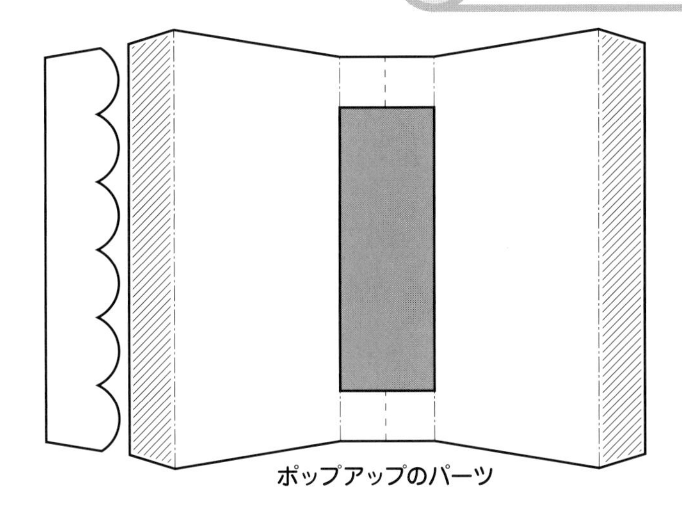

ポップアップのパーツ

表紙のパーツ

中面

中面のパーツ

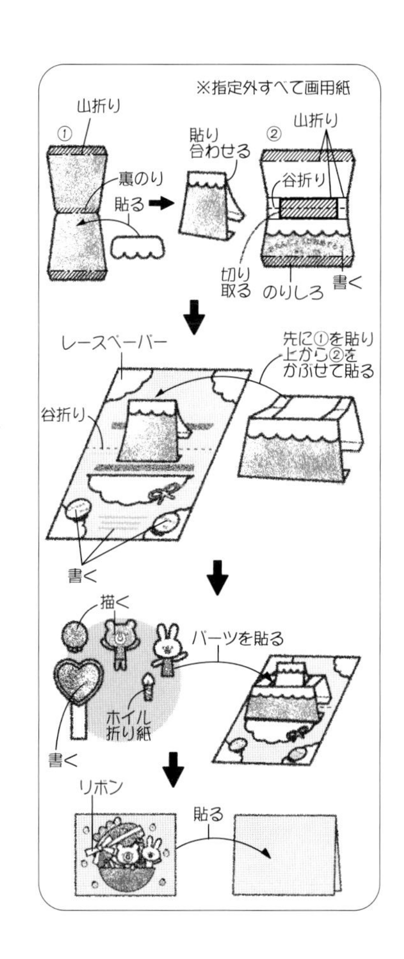

●コピー型紙をご利用になる際には、このメッセージが見えるようにしっかり開くと、きれいにコピーをすることができます。

P.55 ポップアップ！ バースデーケーキカード

※220%に拡大すると、実寸になります。

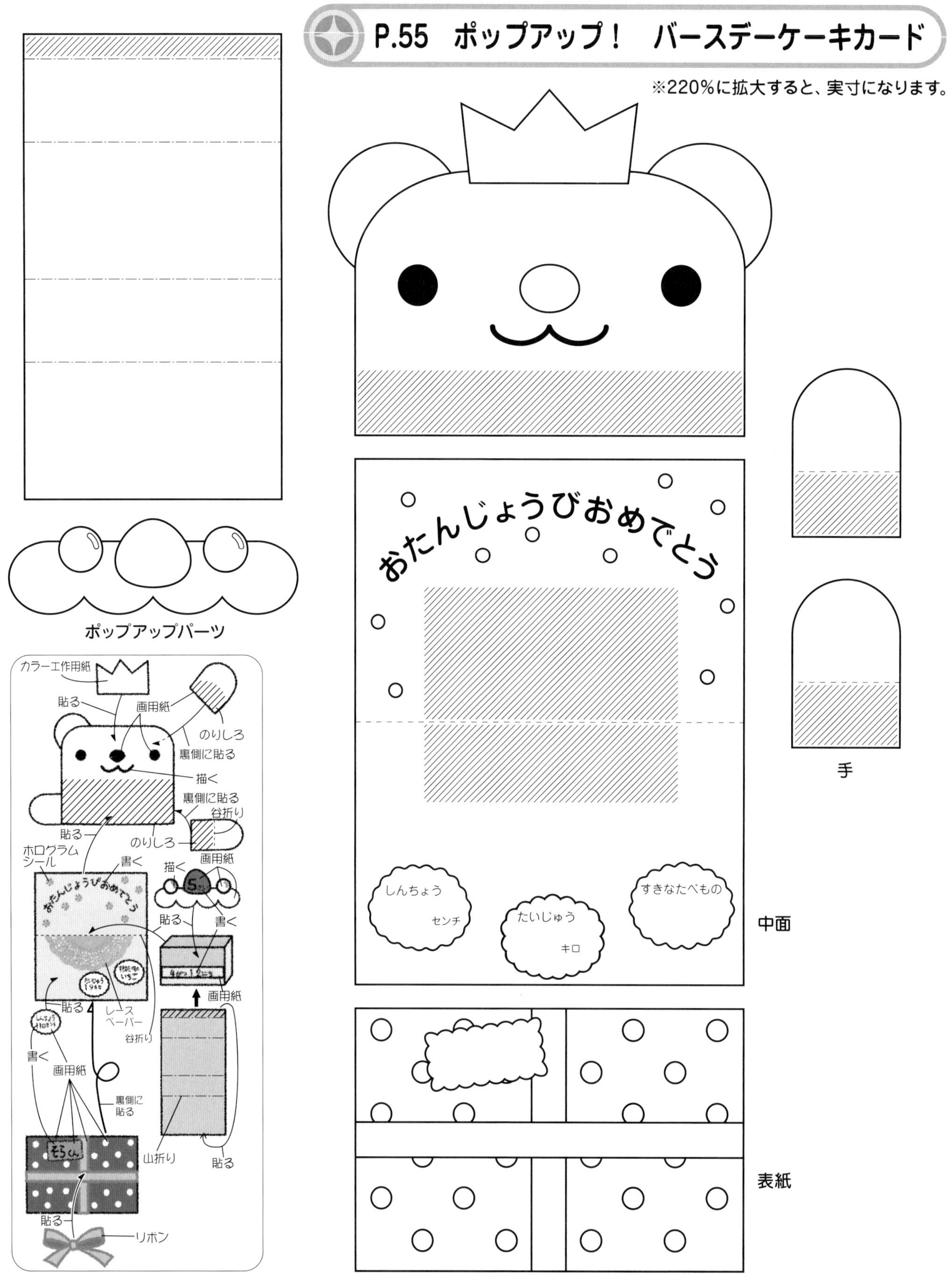

●コピー型紙をご利用になる際には、このメッセージが見えるようにしっかり開くと、きれいにコピーをすることができます。

P.55　くまさんとバースデーパーティー!

※230%に拡大すると、実寸になります。

●コピー型紙をご利用になる際には、このメッセージが見えるようにしっかり開くと、きれいにコピーをすることができます。

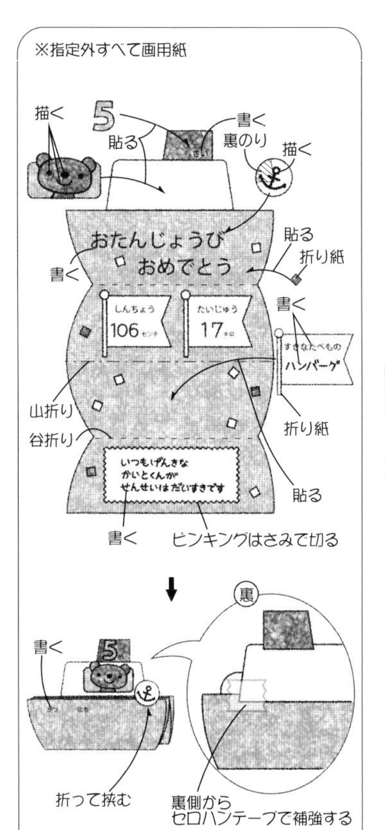

P.56　伸びる ぼくが船長カード

※260%に拡大すると、実寸になります。

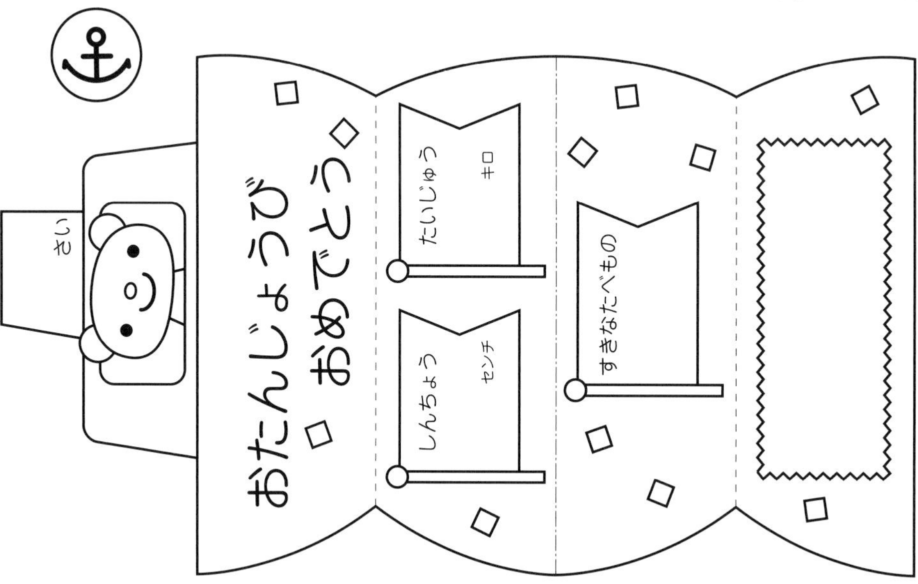

P.57　まんまるくまさんカード

※220%に拡大すると、実寸になります。

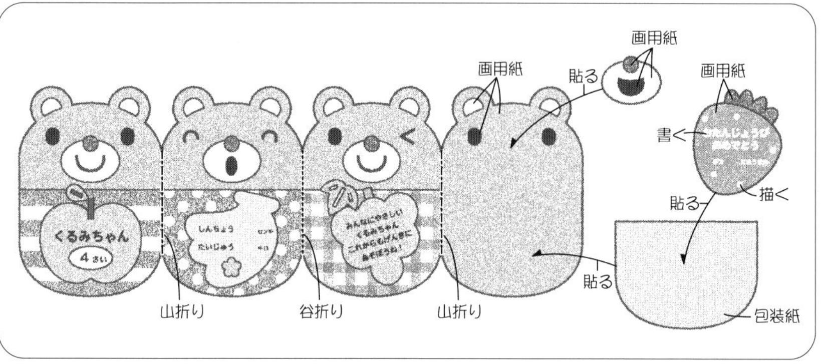

●コピー型紙をご利用になる際には、このメッセージが見えるようにしっかり開くと、きれいにコピーをすることができます。

P.57　マトリョーシカカード

※240%に拡大すると、実寸になります。

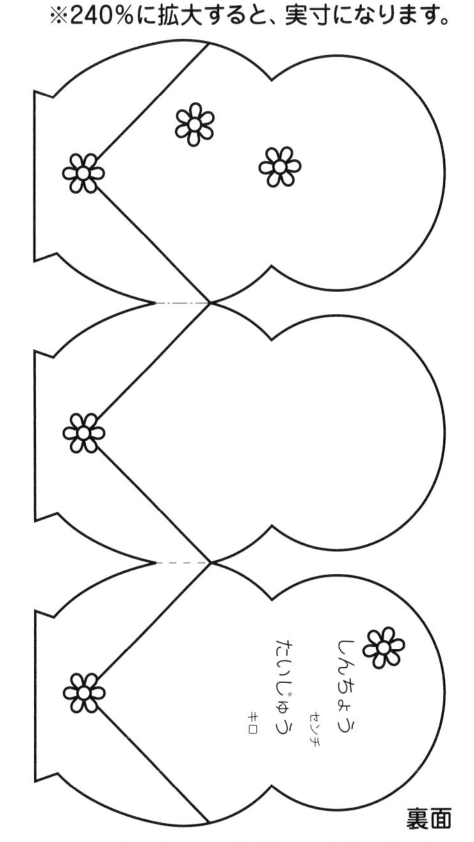

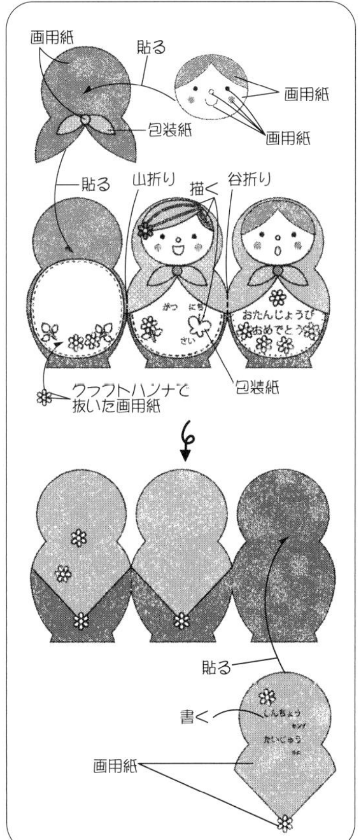

P.58　ハッピードライブカード

※360%に拡大すると、実寸になります。

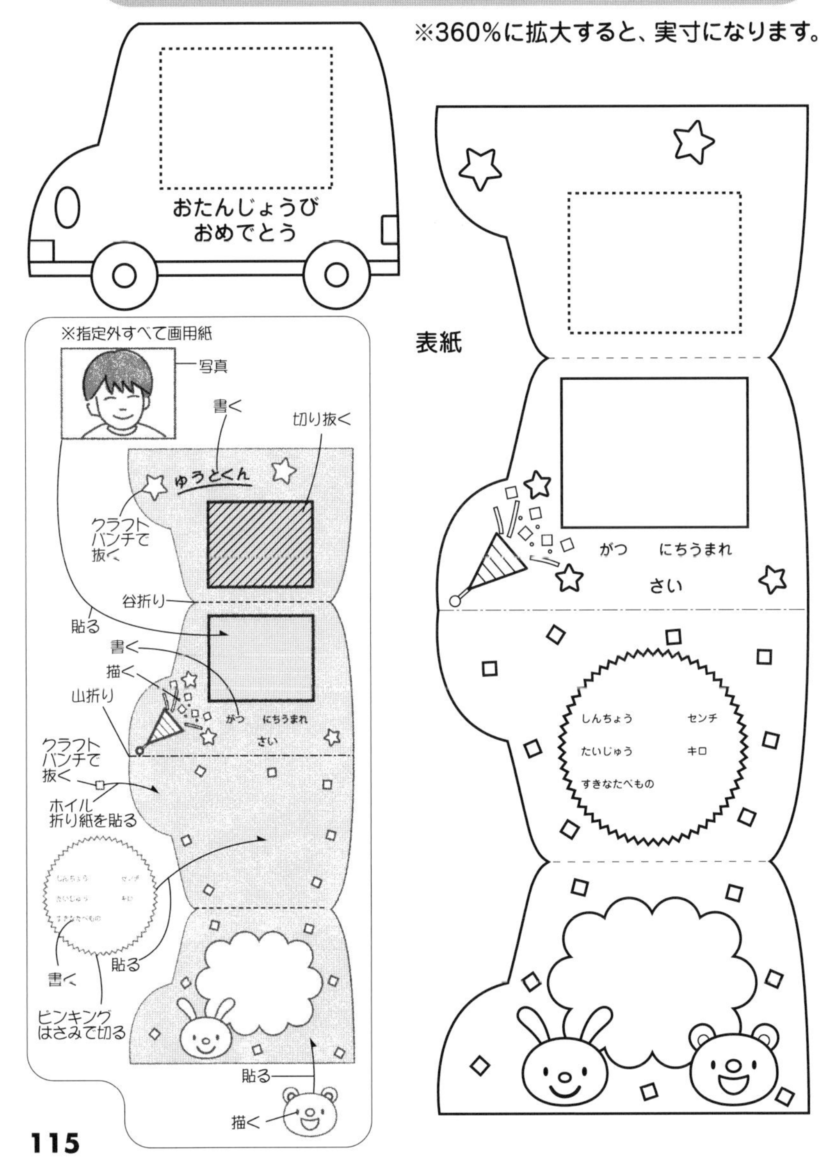

●コピー型紙をご利用になる際には、このメッセージが見えるようにしっかり開くと、きれいにコピーをすることができます。

●コピー型紙をご利用になる際には、このメッセージが見えるようにしっかり開くと、きれいにコピーをすることができます。

P.59　ブック型アニバーサリーカード

※280%に拡大すると、実寸になります。

厚紙　山折り　のりしろ　書く　みさと ちゃん　描く　貼る　画用紙　折り紙　丸シール　貼る

マスキングテープ　写真を貼る　丸シール　描く　貼る　谷折り　山折り　画用紙　書く　貼る

厚紙に折り紙を貼る　穴を開ける　ヘアゴム　のりしろ　くりのみようちえん 2015.4.10　書く　リボンを結ぶ　山折り

表紙

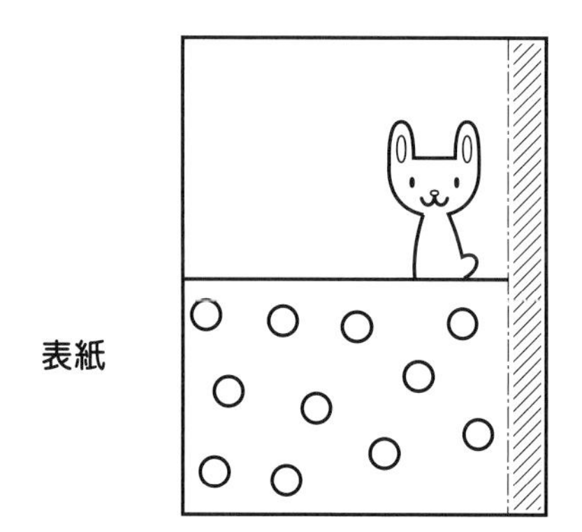

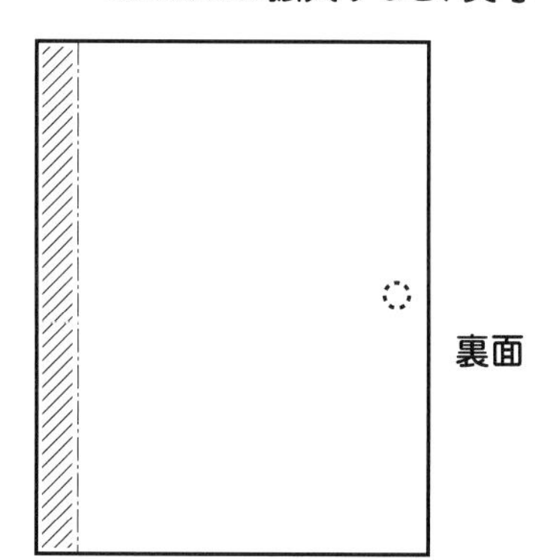

裏面

中面

さいの
おたんじょうび
おめでとう

P.59　わんちゃんのサプライズカード

※200%に拡大すると、実寸になります。

書く　いつも ニコニコ すてきな えがおの はる ちゃん　画用紙　貼る　画用紙　描く　山折り　谷折り　貼る　3さい はるちゃん　4がつ 3にち　おたんじょうび　おめでとう　すきなたべもの ぶどう　谷折り　描く　書く　切り込みを入れる　切る　貼る　画用紙　しんちょう 92 センチ　たいじゅう 11 キロ　画用紙　書く

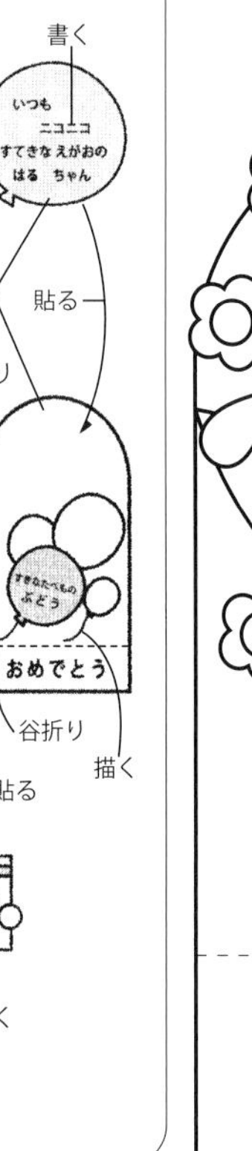

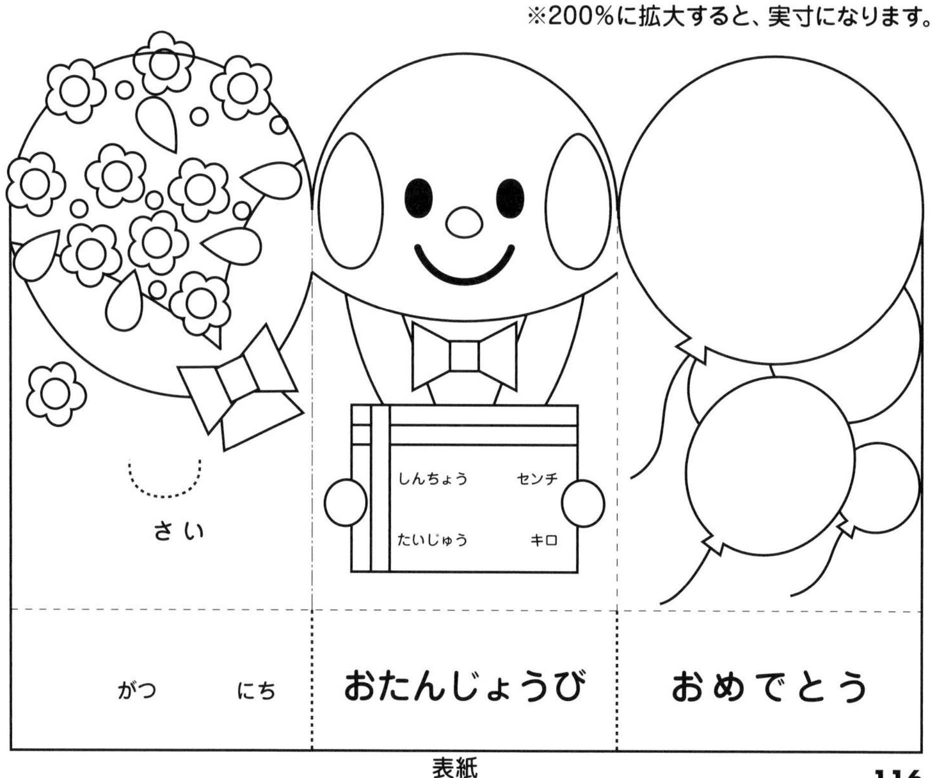

表紙

P.60 とろ〜り オムライスカード

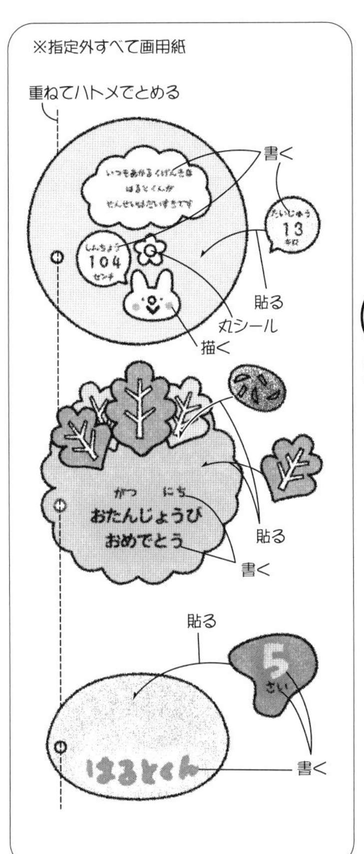

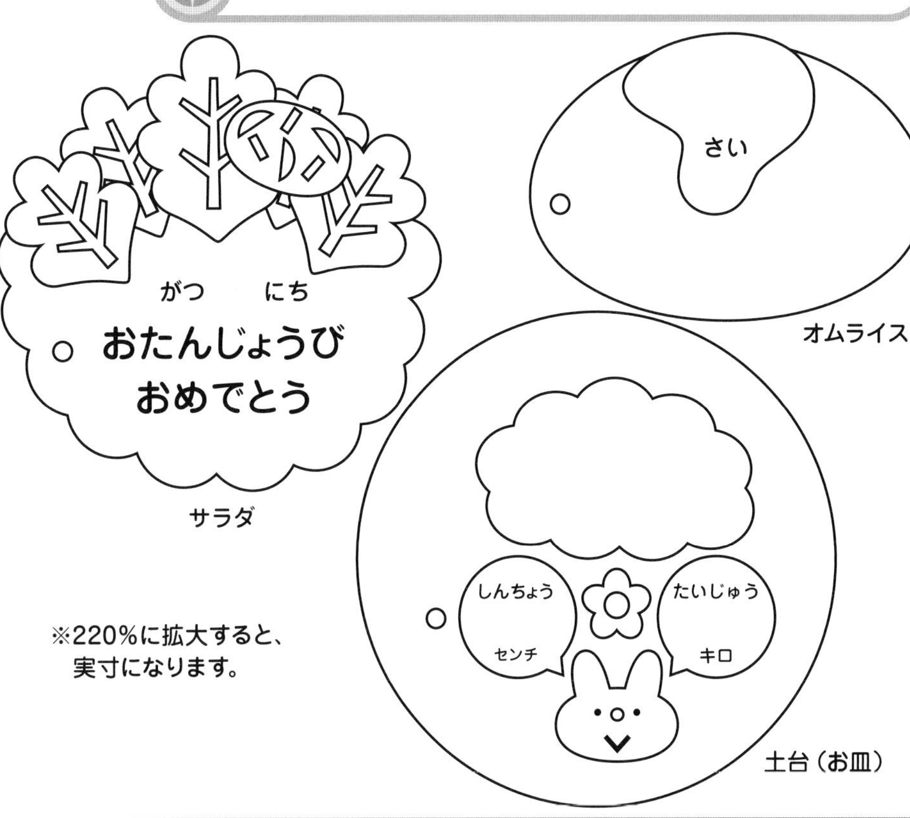

※220%に拡大すると、実寸になります。

P.61 ぞうさんハトメカード

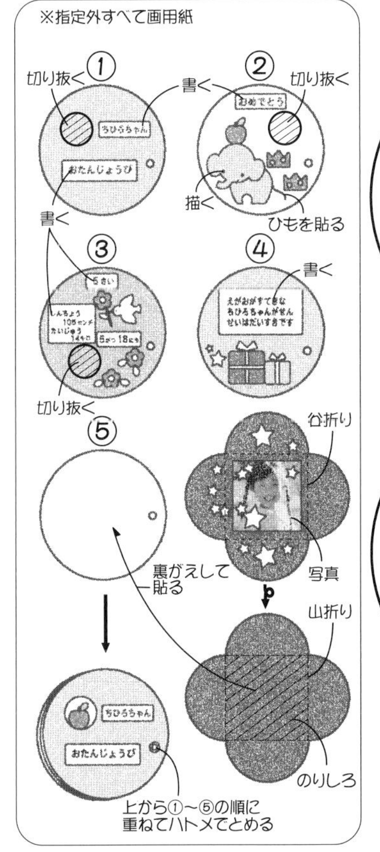

※290%に拡大すると、実寸になります。

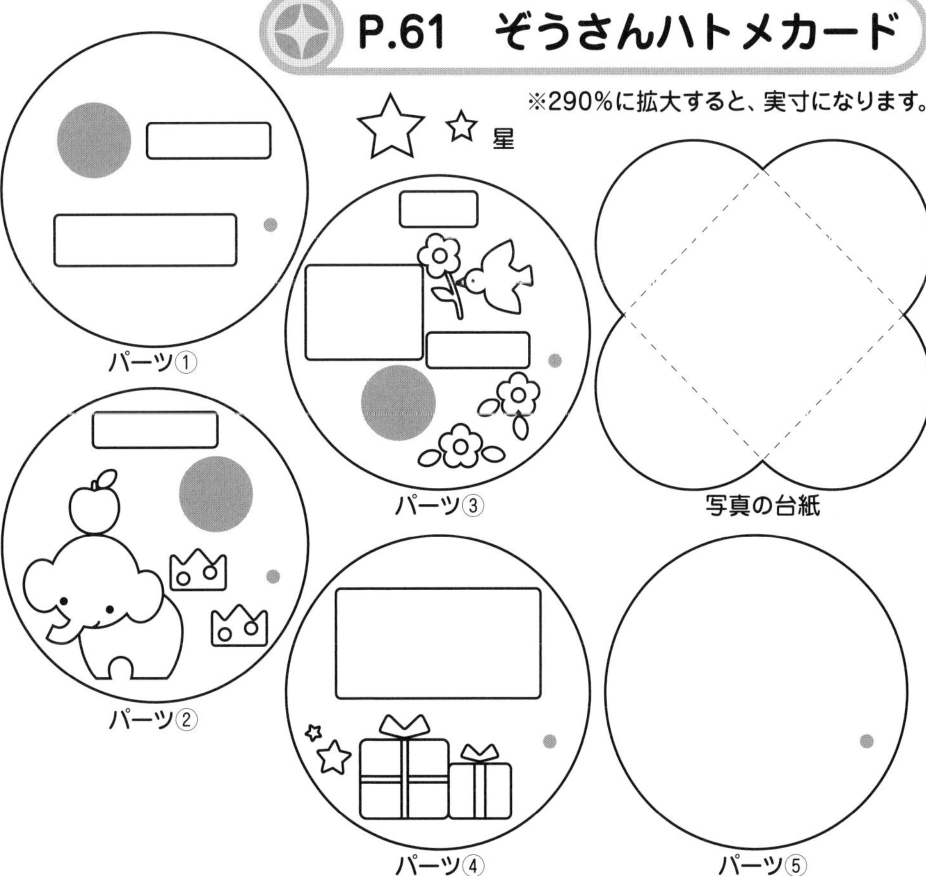

●コピー型紙をご利用になる際には、このメッセージが見えるようにしっかり開くと、きれいにコピーをすることができます。

●コピー型紙をご利用になる際には、このメッセージが見えるようにしっかり開くと、きれいにコピーをすることができます。

P.62　スターエンブレムメダル

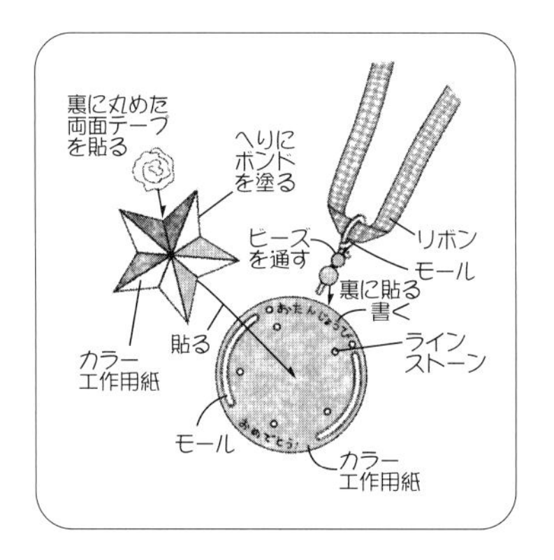

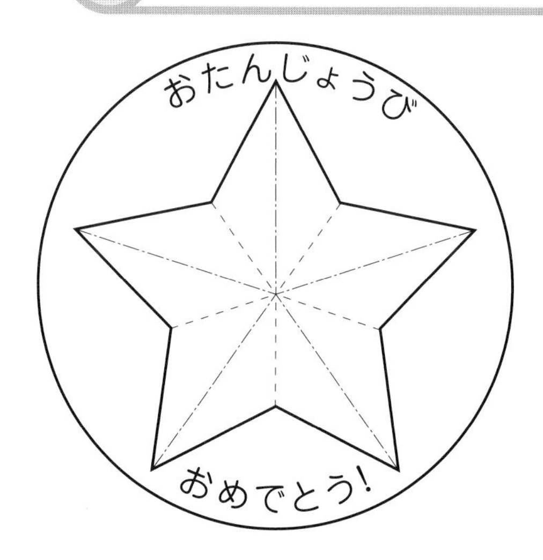

P.63　リボンのキラキラメダル

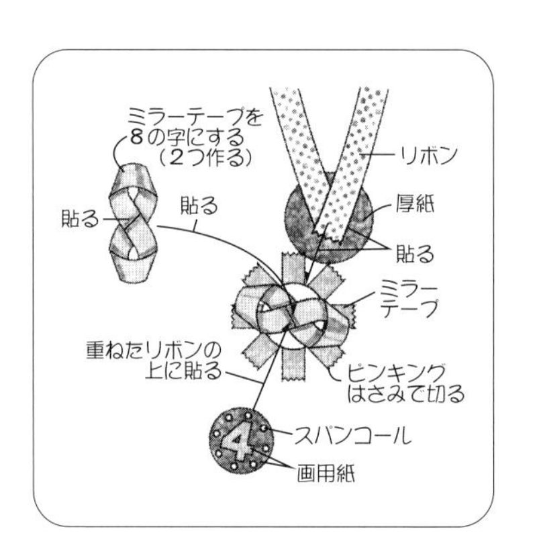

P.63　ねこちゃんメダル

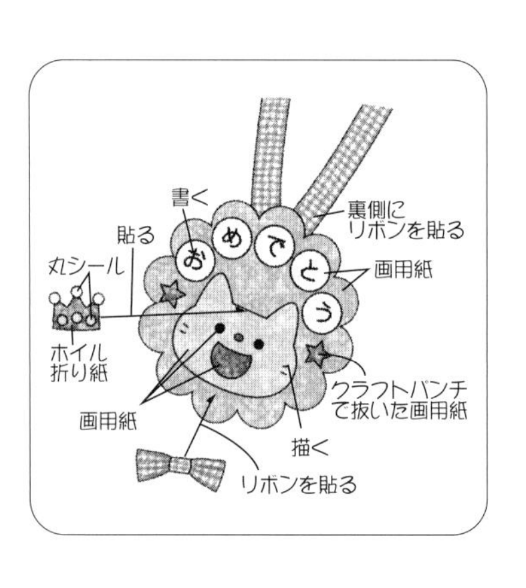

 P.63 ひまわりの花束メダル

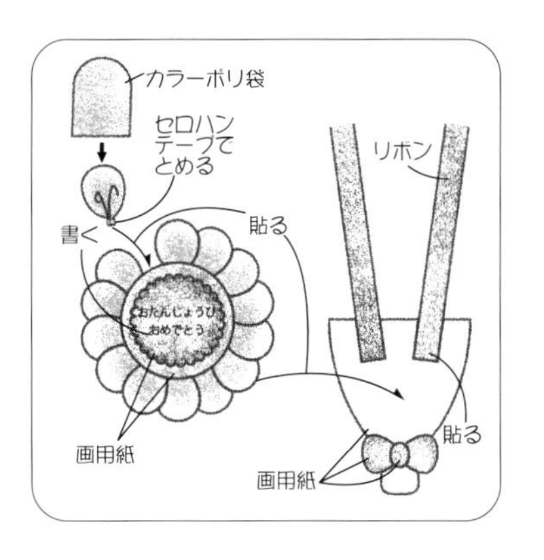

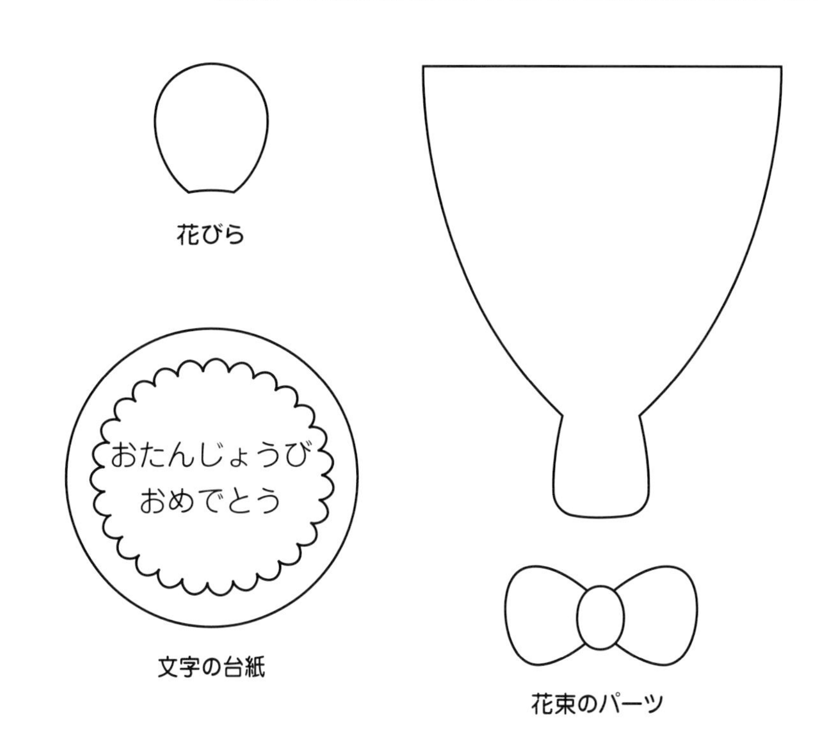

花びら

文字の台紙

花束のパーツ

 P.64 あなたが主役！ 金メダルカード

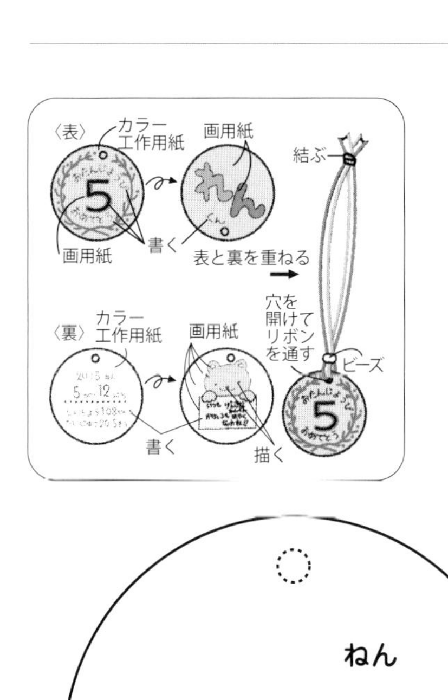

ねん

がつ にち

しんちょう せんち

たいじゅう きろ

裏面

中面

表面

●コピー型紙をご利用になる際には、このメッセージが見えるようにしっかり開くと、きれいにコピーをすることができます。

うきうきハッピー！ 決定版！お誕生表&カード66プラン

全点型紙つき

※本書はPriPri2015年4月号別冊付録〜2018年4月号別冊付録の内容を再編集したものです。

制作物キャラクター　千金美穂　くわざわゆうこ
プラン・制作　いがらしまみこ　いわにしまゆみ　宇田川一美
大塚亮子　cocoron@金子ひろの
北向邦子　ささきともえ　城ゆき江
鈴木孝美　すぎやままさこ　田中なおこ
ひらのゆきこ　福島 幸　堀内さゆり　maimai
macaron あんどうまゆこ　三浦晃子　みさきゆい
ミヤモトエミ　rikko　本永京子
写真　磯﨑威志（Focus & Graph Studio）　大畑俊男
久保田彩子　西山 航（世界文化ホールディングス）
スタイリング　高橋尚美
表紙デザイン　ヒロセケンジロウ
本文デザイン　ヒロセケンジロウ
型紙データ作成　ニシ工芸　アド・クレール
作り方イラスト　（資）イラストメーカーズ
編集協力　大口理恵子　株式会社 童夢　小暮通誉
企画編集　塩坂北斗　粕谷知彦　杉本愛夏
遠山日夏　飯田 俊

発行日／2020年１月30日　初版第1刷発行
2021年12月20日　第3刷発行

発行者／大村 牧
発行／株式会社　世界文化ワンダークリエイト
発行・発売／株式会社　世界文化社
〒102-8192　東京都千代田区九段北4-2-29
電話／編集部　03（3262）5474
販売部　03（3262）5115

DTP 作成／株式会社　明昌堂
印刷・製本／図書印刷株式会社

ISBN978-4-418-20713-8